FAITES VOTRE BILAN PROFESSIONNEL

TESTS POUR CONSTRUIRE VOTRE PROJET

Éditions d'Organisation
Groupe Eyrolles
61, Bd Saint-Germain
75240 Paris Cedex 05
www.editions-organisation.com
www.editions-eyrolles.com

ISBN : 978-2-7081-3333-4

Jacques DOUËNEL
Iole SEDES

FAITES VOTRE BILAN PROFESSIONNEL

TESTS POUR CONSTRUIRE VOTRE PROJET

Deuxième édition

Deuxième tirage 2008

Introduction

L'Homme est projet, l'Entreprise aussi – mais les deux ont souvent bien du mal à s'accorder...

Pourtant, l'Entreprise n'existe que par les hommes et les femmes qui la font vivre.

Elle a besoin de leaders qui la dynamisent, de défricheurs qui la développent, de gestionnaires qui la sécurisent, de créatifs qui la renouvellent...

L'Entreprise a besoin de vous, mais c'est à VOUS de le lui faire savoir. Adoptez son langage pour vous en faire comprendre : parlez-lui de votre VALEUR AJOUTÉE !

Le but de cet ouvrage est de vous y préparer.

Nous vous invitons à étudier les diverses composantes de votre relation au travail : motivations (*ce qui vous pousse à agir*), intérêts (*ce que vous aimez*), compétences (*ce que vous savez faire*)...

C'est vous-même qui ferez émerger vos traits distinctifs en répondant à une série de questions destinées à guider votre réflexion et en analysant les réalisations marquantes de votre parcours professionnel.

Vous ferez apparaître en définitive, au croisement de ce que vous *aimez* faire et de ce que vous *savez* faire, le champ de compétences où *votre efficacité est maximale* – c'est-à-dire, où vous faites le meilleur travail en dépensant le moins d'énergie possible, puisque vous éprouvez du *plaisir* en le faisant !

Ce Bilan vous permettra de *vous situer* à l'intérieur de l'Entreprise – au sens le plus large – et d'identifier les activités où vous êtes susceptible d'apporter votre propre *valeur ajoutée*.

Vous découvrirez que certaines de vos compétences acquises dans une fonction ou un secteur déterminés sont *transférables* dans d'autres domaines.

Vous identifierez en outre votre *potentiel*, ce qui élargira d'autant votre champ de réflexion...

Vous pourrez alors construire votre Projet.

Un projet à la fois *motivant* (qui satisfasse vos goûts et vos ambitions), *réaliste* (qui corresponde à vos compétences) et *réalisable* (qui réponde à un besoin du marché...).

Vous définirez les cibles que vous voulez toucher et les moyens de les approcher.

Ne restera plus qu'à convaincre vos interlocuteurs de la chance que vous leur *offrez* – grâce à un *argumentaire* mettant en évidence vos compétences, mais aussi et surtout vos *atouts spécifiques*, qui font que vous êtes unique !

Sommaire

Première phase

Votre Bilan

Deuxième phase

Votre projet

Première phase

VOTRE BILAN

« À propos de chaque chose qui t'arrive,
souviens-toi de rentrer en toi-même
et de chercher de quelle faculté
tu disposes pour en user »

ÉPICTÈTE

Le but de cette première phase est d'identifier sur quelles compétences vous pouvez bâtir votre Projet.

Au sens strict, une compétence est une capacité reconnue, fondée sur la connaissance et l'habileté dans un domaine déterminé. De façon plus large, on peut la définir comme *tout ce qui fait qu'un individu est efficace dans une fonction* : ses qualités, ses connaissances et son savoir-faire, mais aussi la réponse à ses motivations et la satisfaction de ses goûts...

On est efficace quand on fait ce que l'on aime et qu'on aime ce que l'on fait.

À vous de déterminer quelles sont vos « **compétences-clés** », quelle est votre « zone d'efficacité », où plaisir et travail se confondent...

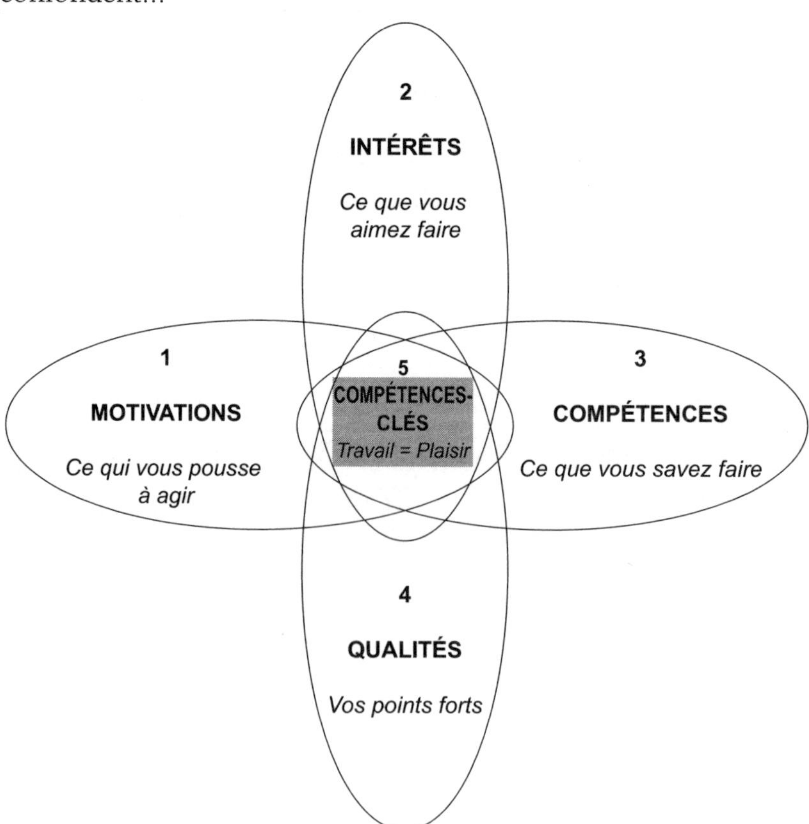

1 Vos motivations
Qu'est-ce qui vous pousse à agir ?

1 Quelles sont les activités ou les situations que vous préférez ?...

Quel est l'*environnement* qui vous convient le mieux ? Quelles sont les *activités* qui vous attirent ? Quels sont vos *sujets d'intérêt ?* Quelles sont les *situations* de travail où vous êtes le plus à l'aise ?...

Répondre à ce type de questions permet d'identifier globalement les motivations que vous cherchez à satisfaire *prioritairement* en agissant...

Pour vous aider à le faire, nous vous proposons dans les pages suivantes, 12 groupes de 6 phrases.

- ⇨ *Choisissez dans chaque groupe les 3 affirmations qui vous conviennent le mieux (ou le moins mal !).*
- ⇨ *Classez ces 3 affirmations par ordre d'importance en cochant (X) les colonnes correspondantes.*

	Groupe x…	1°	2°	3°
A	Vous aimez travailler avec d'autres personnes pour les former.			
B	Vous aimez élargir vos connaissances par l'étude.	X		
C	Vous aimez contribuer à atteindre les objectifs d'une organisation.			
D	Vous aimez vous dépenser physiquement.			X
E	Vous aimez tirer vos propres conclusions de l'analyse d'une situation donnée.			
F	Vous aimez travailler avec des chiffres.		X	

✍ *Répondez avec spontanéité, comme vous le sentez – sans trop réfléchir…*

QUESTIONNAIRE DE MOTIVATIONS

	Groupe 1	1°	2°	3°
A	Vous aimez avoir des activités à l'extérieur.			
B	Vous aimez élargir vos connaissances par l'étude.			
C	Vous aimez travailler dans une situation indépendante.			
D	Vous aimez travailler avec d'autres personnes pour les informer.			
E	Vous aimez être avec des personnes qui travaillent pour gagner beaucoup d'argent.			
F	Vous aimez travailler avec des chiffres.			

	Groupe 2	1°	2°	3°
A	Vous aimez être avec des personnes qui travaillent pour soigner les autres.			
B	Vous aimez une organisation claire et bien définie.			X
C	Vous aimez contribuer à atteindre les objectifs d'une organisation.			
D	Vous aimez vous dépenser physiquement.			
E	Vous aimez étudier les choses, les phénomènes ou les comportements.	X		
F	Vous aimez être avec des personnes qui ont des capacités artistiques.		X	

	Groupe 3	1°	2°	3°
A	Vous aimez travailler avec d'autres personnes pour les former.			X
B	Vous aimez les changements ou les situations imprévues.			
C	Vous aimez ne faire qu'une seule chose à la fois.	X		
D	Vous aimez donner des ordres et organiser l'activité des autres.			
E	Vous aimez tirer vos propres conclusions de l'analyse d'une situation donnée.		X	
F	Vous aimez conduire des véhicules ou faire fonctionner des machines.			

	Groupe 4	1°	2°	3°
A	Vous aimez fabriquer ou réparer des objets.	X		
B	Vous aimez ne pas savoir précisément ce que vous avez à faire.			
C	Vous aimez répéter le même type d'activité.			X
D	Vous aimez faire preuve d'initiative et prendre des décisions rapides.			
E	Vous aimez écouter, dialoguer, essayer de comprendre les autres.		X	
F	Vous aimez vous fier à votre jugement pour décider comment faire les choses.			

	Groupe 5	1°	2°	3°
A	Vous aimez faire plusieurs activités en même temps.			
B	Vous aimez décider de ce qui doit être fait.	X		
C	Vous aimez rencontrer des gens nouveaux.			
D	Vous aimez vérifier une conclusion par des tests ou des informations complémentaires.			
E	Vous aimez appuyer vos conclusions sur des bases déjà prouvées.		X	
F	Vous aimez utiliser des outils tels que tournevis, ciseaux, pinces, etc.			X

	Groupe 6	1°	2°	3°
A	Vous aimez résoudre les problèmes de façon rationnelle, étape par étape.			X
B	Vous aimez la nature, les plantes, les animaux…			
C	Vous aimez respecter les valeurs que vous vous êtes fixées.	X		
D	Vous aimez faire un travail en commun avec d'autres.			
E	Vous aimez relever des défis.			
F	Vous aimez vous fier à votre intuition pour prendre des décisions.		X	

	Groupe 7	1°	2°	3°
A	Vous aimez persuader les autres d'agir d'une certaine façon.			
B	Vous aimez résoudre un problème en faisant confiance à votre intuition.			
C	Vous aimez prendre une décision après avoir mûrement réfléchi.	X		
D	Vous aimez suivre attentivement un plan pour atteindre le meilleur résultat possible.			X
E	Vous aimez écouter les autres et les conseiller sur la façon de résoudre leurs problèmes.		X	
F	Vous aimez ou aimeriez utiliser des machines pour fabriquer des objets.			

	Groupe 8	1°	2°	3°
A	Vous aimez concevoir ou améliorer les méthodes de travail.			
B	Vous aimez comprendre le fonctionnement d'une machine.			
C	Vous aimez rendre service, venir en aide à d'autres personnes.			
D	Vous aimez répondre aux objections de vos interlocuteurs pour mieux les convaincre.			
E	Vous aimez montrer votre originalité.			
F	Vous aimez travailler avec soin pour obtenir un résultat parfait.			

	Groupe 9	1°	2°	3°
A	Vous aimez ou aimeriez animer des activités collectives, associatives...			
B	Vous aimez ou aimeriez étudier la physique, la biologie, ou la technologie...			
C	Vous aimez démonter un appareil pour le réparer vous-même.			
D	Vous aimez discuter avec un commerçant pour obtenir des réductions de prix.			
E	Vous aimez exprimer vos idées, votre point de vue ou vos émotions.			
F	Vous aimez rédiger un résumé, une lettre, un compte-rendu.			

	Groupe 10	1°	2°	3°
A	Vous aimez faire face aux situations urgentes ou imprévues.			
B	Vous aimez vous occuper de démarches administratives ou d'ordre juridique.			
C	Vous aimez ou aimeriez faire des reportages, écrire des articles, etc.			
D	Vous aimez chercher à comprendre le pourquoi des choses et des êtres...			
E	Vous aimez imaginer des solutions qui sortent de l'ordinaire.			
F	Vous aimez ou aimeriez utiliser un objet que vous avez fabriqué vous-même.			

	Groupe 11	1°	2°	3°
A	Vous aimez apprendre aux autres ce que vous savez.			
B	Vous aimez collectionner des choses : timbres, cartes postales, pierres, etc.			
C	Vous aimez passer une grande partie de votre temps sur des documents écrits.			
D	Vous aimez ou aimeriez vendre des produits ou services.			
E	Vous aimez vous servir d'un microscope ou autres appareils de mesure...			
F	Vous aimez ou aimeriez avoir des loisirs : peinture, poterie, poèmes...			

	Groupe 12	1°	2°	3°
A	Vous aimez classer, ordonner des documents ou des objets.			
B	Vous aimez conduire une discussion, un débat.			
C	Vous aimez échanger des idées avec les autres.			
D	Vous aimez que votre action débouche sur des résultats concrets.			
E	Vous aimez ou aimeriez réaliser des expériences scientifiques.			
F	Vous aimez imaginer plusieurs solutions pour répondre à un problème.			

2 Quel est votre type de comportement ?

Nous avons emprunté à John HOLLAND, psychologue américain, la typologie en 6 familles qu'il a établie selon les motivations que les gens manifestent.

Nous en donnons, pour notre part, les définitions suivantes :

La famille des RÉALISTES (R) : *« le besoin de toucher les choses, l'engagement physique »*

Le Réaliste est à l'aise dans un environnement simple et naturel… Il apprécie les *activités physiques ou techniques.* Adroit de ses mains, il aime manier des outils ou conduire des machines. Il est sensible aux choses et aux objets et a besoin d'obtenir des *résultats concrets.* Il a de l'endurance et travaille avec *régularité.*

La famille des INVESTIGATIFS (I) : *« le besoin de comprendre, la rigueur intellectuelle »*

L'Investigatif a du goût pour les *activités intellectuelles,* notamment d'ordre scientifique. Il aime analyser des idées, étudier des données ou des faits, observer des comportements… Il est guidé par le besoin de comprendre et d'accroître ses *connaissances*. Rigoureux et méthodique, il apprécie le travail en *profondeur*.

La famille des ARTISTIQUES (A) : « *l'expression de soi, le goût du changement* »

L'Artistique est, avant tout, quelqu'un qui a besoin de s'exprimer dans ce qu'il fait. Il est souvent attiré par des *activités artistiques* ou littéraires, mais peut aussi bien utiliser sa *créativité* dans tout autre domaine... Il apprécie le *changement* dans son travail et s'adapte facilement à de nouvelles conditions.

La famille des SOCIAUX (S) : « *le désir de communiquer, le travail en équipe* »

Le Social recherche les *contacts avec les autres* pour les informer, les conseiller, les aider... – ce qui le prédispose à des activités à vocation sociale ou plus généralement, à des activités de *communication*. Il est à l'aise dans un environnement chaleureux et participatif – qui satisfait son besoin *d'appartenance*.

La famille des ENTREPRENEURS (E) : « *le besoin de pouvoir, la force de conviction* »

L'Entrepreneur aime prendre des initiatives et exercer une *influence sur les autres*. Réactif, il est à l'aise dans des situations qui réclament rapidité de décision et combativité. Il lui faut relever des challenges à la mesure de son *ambition*. Il a du goût pour les relations d'affaires et les *activités commerciales*.

La famille des CONVENTIONNELS (C) : « *l'efficacité dans les structures, le goût du travail bien fait* »

Le Conventionnel est à l'aise dans un *environnement stable* et structuré. D'une grande conscience professionnelle, il aime le travail bien fait. Ayant le sens des chiffres, il apprécie les *activités de gestion*. Il sait se conformer à des *règles* et veiller à ce qu'elles soient appliquées par les autres.

⇨ Pour déterminer à quelles familles vous appartenez :

- Dans **chaque groupe**, notez les phrases sélectionnées en fonction du rang que vous leur avez attribué : **3 pour la première, 2 pour la deuxième, 1 pour la troisième.**
- Reportez ces notes dans les cases du Tableau 1 portant les lettres des phrases concernées.
- **Additionnez les points par colonne et calculez le % par rapport au total T1 (= 72) des points attribués.**

Tableau 1 : Répartition de vos motivations

Groupe	Réaliste		Investigatif		Artistique		Social		Entrepre-neur		Conven-tionnel	
1	A		B		C		D		E		F	
2	D		E		F		A		C		B	
3	F		E		B		A		D		C	
4	A		F		B		E		D		C	
5	F		D		A		C		B		E	
6	B		A		F		D		E		C	
7	F		C		B		E		A		D	
8	B		A		E		C		D		F	
9	C		B		E		A		D		F	
10	F		D		E		C		A		B	
11	B		E		F		A		D		C	
12	D		E		F		C		B		A	
T1 = 72	R1		I1		A1		S1		E1		C1	
%	r1		i1		a1		s1		e1		c1	

- Classez les familles par ordre décroissant des % :

Rang	Classement 1 (Motivations)	%
1		
2		
3		
4		
5		
6		

Ce premier classement met en évidence les familles auxquelles vous appartiendriez en priorité, en fonction de vos **motivations**.

Vous reconnaissez-vous, dans les définitions qui en ont été données ?

⇨ Pour confirmer ou nuancer votre appartenance à ces familles, cochez dans le tableau ci-dessous le ou les éléments de chaque ligne que vous **privilégiez.**

Tableau 1 bis : Vos familles de comportement

	R	I	A	S	E	C
Motivation de base	Résultats concrets	Besoin de comprendre	Expression de soi	Contacts avec autrui	Besoin de pouvoir	Besoin de sécurité
Activités privilégiées	Physiques Manuelles Techniques	Intellectuelles Scientifiques Investigatives	Créatives Artistiques Littéraires	Relationnelles Sociales Éducatives	Managériales Commerciales Politiques	Administrat. Financières Comptables
Style de travail	Régulier	Approfondi	Varié	En équipe	Stressant	Méticuleux

Vos choix confirment-ils **globalement** le classement par familles de la page précédente ?

Si nécessaire, vérifiez vos réponses au questionnaire d'activités…

> Toutes vérifications faites, il est probable que vous mainteniez certains choix qui vous « font sortir » de vos familles privilégiées…
>
> Pas question de les négliger : ils vous permettront d'apporter les nuances nécessaires aux analyses qui vont suivre.
>
> Il ne s'agit pas de vous « enfermer dans une case » qui prétendrait résumer votre comportement !

2 Vos intérêts
Qu'aimez-vous faire ?

1 Quelles sont les actions que vous aimez ou aimeriez faire ?

Les résultats précédents vous indiquent le cadre d'activités qui conviendrait le mieux à vos motivations et à vos sujets d'intérêt.

La liste de la page suivante (tableau 3) va vous permettre de préciser quelles actions s'y rapportent.

⇨ Choisissez parmi les 90 verbes d'action qui la composent, ceux qui correspondent à **ce que vous aimez ou aimeriez faire** *(même si vous ne savez pas le faire...)*. Cochez-en *autant que vous le souhaitez.*

⇨ *Pour chaque verbe d'action retenu, inscrivez une croix* (X) *dans la case correspondante.*

- Sélectionnez les **12 verbes que vous jugez ESSENTIELS, parmi ceux que vous avez cochés.** (Considérez par exemple, qu'est essentielle une action dont vous éprouvez réellement le manque, si vous ne la faites pas à intervalles réguliers...)

⇨ *Dans chacune des cases correspondantes, ajoutez deux nouvelles croix* (X+XX)

- Ce travail terminé, faites **le total des croix (T3)** attribuées à l'ensemble des verbes retenus.

✍ *Répondez toujours avec la même spontanéité !...*

Liste des verbes d'intérêts

Changer		S'informer		Diversifier	
Planifier		Innover		Concevoir	
Vérifier		Construire		Gérer	
Mesurer		Contrôler		Réparer	
Décider		Rédiger		Diriger	
Informer		Convaincre		Communiquer	
Analyser		Découvrir		Réfléchir	
Imaginer		Observer		Lancer	
Aménager		Monter des dossiers		Fabriquer	
Enregistrer		Produire		Calculer	
Représenter		Prospecter		Participer	
Acheter		Dialoguer		Anticiper	
Créer		Résoudre		Écrire	
Organiser		Interpréter		Comprendre	
Surveiller		Essayer		Formaliser	
Mettre au point		Comptabiliser		Transformer	
Développer		Recommander		Dynamiser	
Former		Négocier		Animer	
Synthétiser		Dessiner		Rationaliser	
Improviser		Étudier		Sentir	
Bricoler		Inventorier		Installer	
Corriger		Réaliser		Budgéter	

→

Rencontrer		Coordonner		Interviewer	
Argumenter		Conseiller		Prévoir	
Décorer		Répartir les tâches		Élaborer	
Optimiser		Inventer		Chercher	
Rentabiliser		Exécuter		Évaluer	
Modifier		Classer		Travailler	
Entreprendre		Proposer		Encadrer	
Écouter		Vendre		Aider	
				Total T2	

2 Vos intérêts confirment-ils vos motivations ?

Les 90 verbes d'action sont répartis en **12 groupes**, associés aux familles de comportement définies précédemment. Chaque groupe est désigné par un VERBE-CLÉ, qui illustre le **sens général** des verbes qu'il contient.

- Reportez dans les cases correspondantes du Tableau 2 (page suivante), les points obtenus par les verbes : **X** = 1 ; **XXX** = 3.
- **Additionnez les points par colonne et calculez le % par rapport au total T2 des points attribués.**

⇨ *Surlignez les 12 verbes essentiels (XXX = 3). Vous en aurez besoin par la suite... (§ 3.4)*

Tableau 2 : Répartition de vos intérêts

Réaliste		Investigatif		Artistique	
RÉALISER		**ÉTUDIER**		**CRÉER**	
Aménager		Analyser		Changer	
Bricoler		Chercher		Créer	
Construire		Comprendre		Décorer	
Essayer		Concevoir		Découvrir	
Exécuter		Étudier		Dessiner	
Fabriquer		Observer		Diversifier	
Installer		Réfléchir		Écrire	
Mesurer		Résoudre		Élaborer	
Mettre au point		S'informer		Imaginer	
Modifier		Synthétiser		Improviser	
Produire		**ORGANISER**		Innover	
Réaliser		Optimiser		Interpréter	
Réparer		Organiser		Inventer	
Transformer		Planifier		Lancer	
Travailler		Rationaliser		Sentir	
		Répartir les tâches			
Total R2		**Total I2**		**Total A2**	
r2	%	**i2**	%	**a2**	%

Social		Entrepreneur		Conventionnel	
COMMUNIQUER		**DÉVELOPPER**		**CONTRÔLER**	
Animer		Anticiper		Contrôler	1
Communiquer		Développer		Corriger	3
Dialoguer	1	Entreprendre		Évaluer	1
Écouter	3	Prospecter		Surveiller	
Former		**DIRIGER**		Vérifier	
Informer		Coordonner	3	**GÉRER**	
Interviewer	3	Décider		Budgéter	1
Participer		Diriger		Gérer	1
Rédiger		Dynamiser		Rentabiliser	
Rencontrer		Encadrer		**TRAITER**	
Représenter		Prévoir		Calculer	
CONSEILLER		**NÉGOCIER**		Classer	
Aider	1	Acheter		Comptabiliser	
Conseiller	3	Argumenter		Enregistrer	
Proposer		Convaincre		Formaliser	
Recommander		Négocier		Inventorier	
		Vendre		Monter dossier	
Total S2	11	**Total E2**	3	**Total C2**	7
s2	%	**e2**	%	**c2**	%

- À partir du Tableau 2, classez les familles par ordre décroissant des % (***Classement* 2**). Mettez en regard ces résultats avec le *Classement 1* du chapitre précédent.

Rang	Classement 1 *(Motivations)*	%	**Classement 2 (Intérêts)**	%
1				
2				
3				
4				
5				
6				

Ce deuxième classement confirme-t-il le premier ?

1er cas – *Bravo ! Vous avez le tiercé gagnant ! Les 3 premières familles sont les mêmes et dans le même ordre.*

Exemple

Rang	Classement 1 *(Motivations)*	%	**Classement 2 (Intérêts)**	%
1	**Artistique**	22 %	**Artistique**	30 %
2	**Investigatif**	20 %	**Investigatif**	24 %
3	**Entrepreneur**	19 %	**Entrepreneur**	23 %
4	Réaliste	12 %	Social	14 %
5	Social	11 %	Conventionnel	5 %
6	Conventionnel	6 %	Réaliste	4 %

⇨ Vos choix intérêts / motivations sont **cohérents**. Votre « famille-leader» s'impose sans ambiguïté.

2e cas – *Pas mal ! Vous touchez le tiercé dans le désordre ! Les mêmes familles, mais avec des rangs différents...*

Exemple

Rang	Classement 1 *(Motivations)*	**%**	**Classement 2 (Intérêts)**	**%**
1	**Artistique**	22 %	**Entrepreneur**	23 %
2	**Investigatif**	20 %	**Artistique**	20 %
3	**Entrepreneur**	19 %	**Investigatif**	18 %
4	Réaliste	12 %	Social	17 %
5	Social	11 %	Réaliste	15 %
6	Conventionnel	6 %	Conventionnel	7 %

⇨ *Attendez la suite* pour départager les 3 premières familles... L'analyse de vos compétences vous permettra sans doute d'y voir plus clair.

3e cas – *Perdu ! Les familles sont différentes, les classements contradictoires !*

Exemple

Rang	Classement 1 *(Motivations)*	**%**	**Classement 2 (Intérêts)**	**%**
1	**Artistique**	22 %	**Réaliste**	28 %
2	**Investigatif**	20 %	**Social**	23 %
3	**Entrepreneur**	19 %	**Conventionnel**	21 %
4	Réaliste	12 %	Investigatif	14 %
5	Social	11 %	Artistique	10 %
6	Conventionnel	6 %	Entrepreneur	4 %

⇨ La contradiction est, certes, le propre de l'homme, mais à ce point !

Revenez à la case « départ » : revoyez vos réponses dans le chapitre 1 comme dans le chapitre 2...

Il se peut notamment que vous ayez choisi certains **verbes** d'action en leur attribuant un sens qui n'est pas celui que nous avons retenu pour l'attacher à une famille déterminée. Affectez-les alors à la famille qui vous semble mieux lui convenir.

*Par exemple, « **aider** » signifie « fournir un secours, une assistance », ce qui relève donc normalement d'un comportement de type SOCIAL... Mais peut-être avez-vous retenu ce verbe en lui donnant un sens plus directif ? Pour vous, « aider », c'est « prendre les choses en mains » ! Vous êtes dans cet esprit, plus ENTREPRENEUR que Social...*

Les diverses situations auxquelles vous pouvez être confronté sont des combinaisons de ces 3 cas.

Analysez-les de façon qualitative, avec bon sens, jusqu'à ce que vous vous y reconnaissiez.

N'accordez aux chiffres qu'une valeur relative : ils ne sont là que pour guider votre réflexion.

3 Vos compétences
Que savez-vous faire ?

1 Étude de vos réalisations

Une réalisation est une action, une mission, menée à son terme dans un contexte donné.

Cette action n'est pas forcément « extraordinaire », mais elle a nécessité de votre part la mise en œuvre de compétences et de qualités qui vous sont propres. Quelque soit le résultat, ce qui compte dans cet exercice, c'est de bien décrire la façon dont vous vous êtes comporté au cours de cette action.

Parmi tout ce que vous avez fait dans votre vie, choisissez ***10* réalisations**, en fonction du fait que vous avez le sentiment de vous y être pleinement exprimé, d'y avoir, en quelque sorte, « mis toute la gomme » !...

Trouvez-en **7 dans le domaine professionnel et 3 dans votre vie personnelle.**

- Décrivez chaque action sélectionnée (*cf. Fiches, pages suivantes*) :

– Date, lieu et durée de l'action
– Comment avez-vous mené cette action : seul ? en équipe ? (dans ce dernier cas, avec quel rôle ?)
– Quel était le problème à résoudre ?
– Quelles ont été les difficultés rencontrées au cours de l'action ?
– Qu'avez-vous fait ?
– Quel a été le résultat de cette action ?

- Essayez d'identifier pour chaque action :

– les connaissances (*savoir*) que vous avez utilisées ;
– les compétences (*savoir-faire*) que vous avez mis en œuvre ;
– les qualités (*savoir-être*) que vous avez montrées.

✍ *Ne confondez pas connaissance, compétence et qualité.*

Exemple : Vous savez vendre (=compétence) parce que vous avez appris les techniques de vente (=connaissance) et que vous êtes combatif (=qualité).

Réalisation n° 1

Professionnelle		*Intitulé*	*Seul*	
Personnelle			*En équipe*	
Date		*Lieu*	*Durée*	

Contexte – Situation ou problème à résoudre

Description de l'action

Difficultés rencontrées

Résultat(s) obtenu(s)

Connaissances utilisées	*Compétences mises en œuvre*	*Qualités exploitées*

Réalisation n° 2

Professionnelle *Personnelle*		*Intitulé*	*Seul* *En équipe*	

Date	*Lieu*	*Durée*

Contexte – Situation ou problème à résoudre

Description de l'action

Difficultés rencontrées

Résultat(s) obtenu(s)

Connaissances utilisées	***Compétences mises en œuvre***	***Qualités exploitées***

Réalisation n° 3

Professionnelle Personnelle		Intitulé		Seul En équipe	
Date		Lieu	Durée		

Contexte – Situation ou problème à résoudre

Description de l'action

Difficultés rencontrées

Résultat(s) obtenu(s)

Connaissances utilisées	Compétences mises en œuvre	Qualités exploitées

Réalisation n° 4

Professionnelle		*Intitulé*	*Seul*	
Personnelle			*En équipe*	

Date	*Lieu*	*Durée*

Contexte – Situation ou problème à résoudre

Description de l'action

Difficultés rencontrées

Résultat(s) obtenu(s)

Connaissances utilisées	***Compétences mises en œuvre***	***Qualités exploitées***

Réalisation n° 5

Professionnelle		*Intitulé*	*Seul*	
Personnelle			*En équipe*	

Date	*Lieu*	*Durée*

Contexte – Situation ou problème à résoudre

Description de l'action

Difficultés rencontrées

Résultat(s) obtenu(s)

Connaissances utilisées	*Compétences mises en œuvre*	*Qualités exploitées*

Réalisation n° 6

Professionnelle *Personnelle*		*Intitulé*		*Seul* *En équipe*	
Date		*Lieu*	*Durée*		

Contexte – Situation ou problème à résoudre

Description de l'action

Difficultés rencontrées

Résultat(s) obtenu(s)

Connaissances utilisées	*Compétences mises en œuvre*	*Qualités exploitées*

Réalisation n° 7

Professionnelle Personnelle		Intitulé		Seul En équipe	
Date		Lieu	Durée		

Contexte – Situation ou problème à résoudre

Description de l'action

Difficultés rencontrées

Résultat(s) obtenu(s)

Connaissances utilisées	Compétences mises en œuvre	Qualités exploitées

Réalisation n° 8

Professionnelle Personnelle		Intitulé		Seul En équipe	
Date		Lieu	Durée		

Contexte – Situation ou problème à résoudre

Description de l'action

Difficultés rencontrées

Résultat(s) obtenu(s)

Connaissances utilisées	Compétences mises en œuvre	Qualités exploitées

Réalisation n° 9

Professionnelle		*Intitulé*	*Seul*	
Personnelle			*En équipe*	
Date		*Lieu*	*Durée*	

Contexte – Situation ou problème à résoudre

Description de l'action

Difficultés rencontrées

Résultat(s) obtenu(s)

Connaissances utilisées	***Compétences mises en œuvre***	***Qualités exploitées***

Réalisation n° 10

Professionnelle		*Intitulé*	*Seul*	
Personnelle			*En équipe*	
Date	*Lieu*	*Durée*		

Contexte – Situation ou problème à résoudre

Description de l'action

Difficultés rencontrées

Résultat(s) obtenu(s)

Connaissances utilisées	*Compétences mises en œuvre*	*Qualités exploitées*

2 Identification de vos compétences spécifiques

Récapitulez les réalisations que vous avez décrites.

N°	Date	Intitulé	Prof.	Perso.
1				
2				
3				
4				
5				
6				
7				
8				
9				
10				

✍ *Ces réalisations ne peuvent évidemment, à elles seules, résumer votre expérience. Mais elles font partie de votre* ***base de données*** *– sur laquelle vous pourrez appuyer votre* ***argumentaire*** *pour « vendre » le Projet que vous aurez bâti...*

- Remettez-vous dans la situation de **chacune de ces 10 réalisations** pour les analyser une à une, à l'aide de la grille donnée dans les pages suivantes :

1) Pour chacune d'elles, *colonne par colonne*, déterminez les compétences auxquelles vous avez fait appel pour leur accomplissement. Cochez-en autant que vous le jugez souhaitable.

   ⇨ *Pour chaque verbe d'action retenu, inscrivez une croix* **X** *dans la case correspondante.*

2) Pour *chaque réalisation*, sélectionnez les 10 compétences qui vous paraissent les plus importantes, parmi celles que vous avez cochées.

⇨ *Dans chacune des cases correspondantes, ajoutez une nouvelle croix* **XX.**

3) Parmi ces 10 compétences, identifiez maintenant LA compétence que vous jugez avoir été ESSENTIELLE pour mener à bien cette réalisation.

⇨ *Dans la case correspondante, ajoutez une troisième croix* **XXX.**

- Une fois cette analyse terminée, **reprenez la grille *ligne par ligne***, en additionnant les croix.

⇨ *Reportez à chaque ligne, la somme des points obtenus par* ***chaque compétence.***

⇨ *Faites* ***le total général des points (T3)*** *attribués pour l'ensemble des compétences retenues.*

Les compétences que vous avez ainsi identifiées sont dites « compétences spécifiques », car elles sont associées à des circonstances déterminées : vous pouvez dire « je sais faire, car je l'ai déjà fait dans telle ou telle occasion... »

Grille d'analyse de vos réalisations

	Compétences	Réalisations										Total par compétence
		n° 1	n° 2	n° 3	n° 4	n° 5	n° 6	n° 7	n° 8	n° 9	n° 10	
1	Acheter											
2	Aider											
3	Aménager											
4	Analyser											
5	Animer											
6	Anticiper											
7	Argumenter											
8	Bricoler											
9	Budgéter											
10	Calculer											
11	Changer											
12	Chercher											
13	Classer											
14	Communiquer											
15	Comprendre											
16	Comptabiliser											
17	Concevoir											
18	Conseiller											
19	Construire											
20	Contrôler											
21	Convaincre											
22	Coordonner											
23	Corriger											
24	Créer											
25	Décider											
26	Décorer											
27	Découvrir											
28	Dessiner											
29	Développer											
30	Dialoguer											

Compétences		Réalisations										Total par compétence
		n° 1	n° 2	n° 3	n° 4	n° 5	n° 6	n° 7	n° 8	n° 9	n° 10	
31	Diriger											
32	Diversifier											
33	Dynamiser											
34	Écouter											
35	Écrire											
36	Élaborer											
37	Encadrer											
38	Enregistrer											
39	Entreprendre											
40	Essayer											
41	Étudier											
42	Évaluer											
43	Exécuter											
44	Fabriquer											
45	Formaliser											
46	Former											
47	Gérer											
48	Imaginer											
49	Improviser											
50	Informer											
51	Innover											
52	Installer											
53	Interpréter											
54	Interviewer											
55	Inventer											
56	Inventorier											
57	Lancer											
58	Mesurer											
59	Mettre au point											
60	Modifier											

	Compétences	Réalisations										Total par compétence
		n° 1	n° 2	n° 3	n° 4	n° 5	n° 6	n° 7	n° 8	n° 9	n° 10	
61	Monter des dossiers											
62	Négocier											
63	Observer											
64	Optimiser											
65	Organiser											
66	Participer											
67	Planifier											
68	Prévoir											
69	Produire											
70	Proposer											
71	Prospecter											
72	Rationaliser											
73	Réaliser											
74	Recommander											
75	Rédiger											
76	Réfléchir											
77	Rencontrer											
78	Rentabiliser											
79	Réparer											
80	Répartir les tâches											
81	Représenter											
82	Résoudre											
83	S'informer											
84	Sentir											
85	Surveiller											
86	Synthétiser											
87	Transformer											
88	Travailler											
89	Vendre											
90	Vérifier											
											Total T3	

3 Vos compétences rejoignent-elles vos intérêts ?

- Reportez dans les cases correspondantes du Tableau 3, les points obtenus par les compétences que vous avez identifiées.
- **Additionnez les points par colonne et calculez le % par rapport au total T3 des points attribués.**

⇨ *Identifiez les 12 verbes ayant obtenu les 12 meilleurs scores. Surlignez-les. Vous en aurez besoin par la suite... (§ 3.4)*

Tableau 3 : Répartition de vos compétences

Réaliste		Investigatif		Artistique	
RÉALISER		ÉTUDIER		CRÉER	
Aménager		Analyser		Changer	
Bricoler		Chercher		Créer	
Construire		Comprendre		Décorer	
Essayer		Concevoir		Découvrir	
Exécuter		Étudier		Dessiner	
Fabriquer		Observer		Diversifier	
Installer		Réfléchir		Écrire	
Mesurer		Résoudre		Élaborer	
Mettre au point		S'informer		Imaginer	
Modifier		Synthétiser		Improviser	
Produire		ORGANISER		Innover	
Réaliser		Optimiser		Interpréter	
Réparer		Organiser		Inventer	
Transformer		Planifier		Lancer	
Travailler		Rationaliser		Sentir	
		Répartir tâches			
Total R3		Total I3		Total A3	
r3	%	i3	%	a3	%

Social		Entrepreneur		Conventionnel	
COMMUNIQUER		**DÉVELOPPER**		**CONTRÔLER**	
Animer		Anticiper		Contrôler	
Communiquer		Développer		Corriger	
Dialoguer		Entreprendre		Évaluer	
Écouter		Prospecter		Surveiller	
Former		**DIRIGER**		Vérifier	
Informer		Coordonner		**GÉRER**	
Interviewer		Décider		Budgéter	
Participer		Diriger		Gérer	
Rédiger		Dynamiser		Rentabiliser	
Rencontrer		Encadrer		**TRAITER**	
Représenter		Prévoir		Calculer	
CONSEILLER		**NÉGOCIER**		Classer	
Aider		Acheter		Comptabiliser	
Conseiller		Argumenter		Enregistrer	
Proposer		Convaincre		Formaliser	
Recommander		Négocier		Inventorier	
		Vendre		Monter dossier	
Total S3		**Total E3**		**Total C3**	
s3		**e3**		**c3**	

- À partir du Tableau 3, classez les familles par ordre décroissant des % ***(Classement 3).*** Mettez ces résultats en regard des *Classements 1 et 2* des chapitres précédents.

Rang	Classement 1 *(Motivations)*	%	Classement 2 (Intérêts)	%	**Classement 3** ***(Compétences)***	%
1						
2						
3						
4						
5						
6						

Ce que vous savez faire rejoint-il ce que vous aimez faire ?

1° cas – *Globalement, oui ! ... Les 3 premières familles restent les mêmes. Une « famille-leader » se dégage...*

Exemple

Rang	Classement 1 *(Motivations)*	%	Classement 2 (Intérêts)	%	**Classement 3** ***(Compétences)***	%
1	**Artistique**	22 %	**Entrepreneur**	23 %	**Entrepreneur**	30 %
2	**Investigatif**	20 %	**Artistique**	20 %	**Investigatif**	21 %
3	**Entrepreneur**	19 %	**Investigatif**	18 %	**Artistique**	20 %
4	Réaliste	12 %	Social	17 %	Réaliste	15 %
5	Social	11 %	Réaliste	15 %	Social	14 %
6	Conventionnel	6 %	Conventionnel	7 %	Conventionnel	0 %

⇨ Vous avez su développer vos compétences selon vos goûts... Vous êtes probablement « bien dans votre peau » !

2e cas – *Malheureusement non !... Il y a dysharmonie flagrante entre les scores de certaines familles.*

Exemple

Rang	Classement 1 *(Motivations)*	%	Classement 2 (Intérêts)	%	**Classement 3 *(Compétences)***	%
1	**Artistique**	22 %	**Entrepreneur**	23 %	**Investigatif**	35 %
2	**Investigatif**	20 %	**Artistique**	20 %	**Conventionnel**	19 %
3	**Entrepreneur**	19 %	**Investigatif**	18 %	**Réaliste**	17 %
4	Réaliste	12 %	Social	17 %	Entrepreneur	15 %
5	Social	11 %	Réaliste	15 %	Social	14 %
6	Conventionnel	6 %	Conventionnel	7 %	Artistique	0 %

⇨ Dans l'exemple ci-dessus, faute d'avoir su ou pu utiliser votre créativité dans votre vie professionnelle, l'*Investigatif* a pris le pas sur l'*Artistique*... N'avez-vous pas l'impression d'être « en manque » ?...

Cependant, certaines de vos compétences doivent probablement, quand même, rejoindre certains de vos intérêts. L'analyse vaut d'être poussée pour les déterminer...

4 Vos compétences générales

Lorsqu'intérêt *(aimer faire)* et compétence *(savoir faire)* se rejoignent au sein d'un même groupe, nous disons qu'il s'agit d'une **« compétence générale »**. Car dans ce cas, on est généralement capable d'utiliser cette compétence quels que soient le contexte et le domaine d'application.

C'est sur vos compétences générales que se fonde votre efficacité.

- Extrayez du *Tableau* 2 (§ 2.2), les **12 verbes d'intérêts jugés essentiels** (que vous avez surlignés).

Cochez les cases correspondantes des colonnes Intérêts **(I)** du Tableau 3bis.

- Extrayez du *Tableau 3* (§ 3.3), les **12 verbes de compétences aux scores les plus élevés** (que vous avez surlignés).

  Cochez les cases correspondantes des colonnes Compétences **(C)** du Tableau 3 bis.

Tableau 3 bis : Rapprochement intérêts et compétences

Réaliste	I	C	Investigatif	I	C	Artistique	I	C
RÉALISER			**ÉTUDIER**			**CRÉER**		
Aménager			Analyser			Changer		
Bricoler			Chercher			Créer		
Construire			Comprendre			Décorer		
Essayer			Concevoir			Découvrir		
Exécuter			Étudier			Dessiner		
Fabriquer			Observer			Diversifier		
Installer			Réfléchir			Écrire		
Mesurer			Résoudre			Élaborer		
Mettre au point			S'informer			Imaginer		
Modifier			Synthétiser			Improviser		
Produire			**ORGANISER**			Innover		
Réaliser			Optimiser			Interpréter		
Réparer			Organiser			Inventer		
Transformer			Planifier			Lancer		
Travailler			Rationaliser			Sentir		
			Répartir tâches					

Social	I	C	Entrepreneur	I	C	Conventionnel	I	C
COMMUNIQUER			**DÉVELOPPER**			**CONTRÔLER**		
Animer			Anticiper			Contrôler		
Communiquer			Développer			Corriger		
Dialoguer			Entreprendre			Évaluer		
Écouter			Prospecter			Surveiller		
Former			**DIRIGER**			Vérifier		
Informer			Coordonner			**GÉRER**		
Interviewer			Décider			Budgéter		
Participer			Diriger			Gérer		
Rédiger			Dynamiser			Rentabiliser		
Rencontrer			Encadrer			**TRAITER**		
Représenter			Prévoir			Calculer		
CONSEILLER			**NÉGOCIER**			Classer		
Aider			Acheter			Comptabiliser		
Conseiller			Argumenter			Enregistrer		
Proposer			Convaincre			Formaliser		
Recommander			Négocier			Inventorier		
			Vendre			Monter dossier		

⇨ Vous déterminez ainsi vos « compétences **générales** » désignées par les verbes-clés du groupe où vos intérêts et vos compétences se rejoignent. *Voir exemple, page suivante.*

Exemple de détermination des compétences générales

Réaliste	I	C	Investigatif	I	C	Artistique	I	C
RÉALISER			**ÉTUDIER**			**CRÉER**		
Aménager			Analyser			Changer		
Bricoler			Chercher			Créer		
Construire		X	**Comprendre**	X	X	Décorer		
Essayer			Concevoir			Découvrir	X	
Exécuter			Étudier			Dessiner		
Fabriquer			**Observer**	X	X	Diversifier		
Installer			Réfléchir		X	Écrire		
Mesurer			Résoudre	X		Élaborer		
Mettre au point			S'informer			Imaginer	X	
Modifier		X	Synthétiser		X	Improviser		
Produire			**ORGANISER**			Innover		
Réaliser		X	Optimiser			Interpréter		
Réparer			Organiser			Inventer		
Transformer			Planifier			Lancer		
Travailler			Rationaliser			Sentir	X	
			Répartir tâches					

Social	I	C	Entrepreneur	I	C	Conventionnel	I	C
COMMUNIQUER			**DÉVELOPPER**			**CONTRÔLER**		
Animer			Anticiper		X	Contrôler		
Communiquer			Développer			Corriger		
Dialoguer		X	**Entreprendre**	X	X	Évaluer		
Écouter	X	X	Prospecter			Surveiller		
Former			**DIRIGER**			Vérifier		
Informer			Coordonner	X		**GÉRER**		
Interviewer			Décider		X	Budgéter		
Participer			Diriger			Gérer		
Rédiger			Dynamiser			Rentabiliser		
Rencontrer			Encadrer	X		**TRAITER**		
Représenter			Prévoir			Calculer		
CONSEILLER			**NÉGOCIER**			Classer		
Aider			Acheter			Comptabiliser		
Conseiller			Argumenter			Enregistrer		
Proposer – —	X		Convaincre – —	X		Formaliser		
Recommander			Négocier			Inventorier		
			Vendre			Monter dossier		

⇨ Si le groupe correspondant à un VERBE-CLÉ comporte **au moins** *1 verbe de compétence* et *1 verbe d'intérêt*, nous considérons que vous possédez la **COMPÉTENCE GÉNÉRALE** désignée par ce verbe-clé :

ÉTUDIER, COMMUNIQUER, DÉVELOPPER, DIRIGER

✍ Dans la mesure du possible essayez de rattacher les verbes isolés à une « compétence générale » :

Proposer → **« COMMUNIQUER »**
Convaincre → **« DIRIGER »**

En définitive, les intérêts et compétences de l'exemple précédent peuvent se regrouper de la façon suivante :

		R	I	A	S	E	C
Tableau 2	INTÉRÊTS		**Comprendre** **Observer** Résoudre	Découvrir imaginer Sentir	**Écouter** + *Proposer*	**Entreprendre** Coordonner Encadrer + *Convaincre*	
Tableau 3	COMPÉ-TENCES	Construire Modifier Réaliser	**Comprendre** **Observer** Réfléchir Synthétiser		Dialoguer **Écouter**	Anticiper **Entreprendre** Décider	

↓

		R	I	A	S	E	C
Tableau 3 bis	**COMPÉTENCES GÉNÉRALES** (verbes-clés)		**ÉTUDIER**		**COMMUNI-QUER**	**DÉVELOPPER** **DIRIGER**	

⇨ Établissez un tableau identique en ce qui vous concerne :

Tableau 3 ter : Vos compétences générales

		R	I	A	S	E	C
Tableau 2	INTÉRÊTS						
Tableau 3	COMPÉ-TENCES						
Tableau 3 bis	**COMPÉTENCES GÉNÉRALES** (verbes-clés)						

4 Vos qualités
Quels sont vos points forts... et vos limites ?

1 Auto-diagnostic et retours d'image

Vous trouverez dans les pages suivantes, *7 grilles* comportant chacune 36 qualités, avec leurs définitions.

- Utilisez la première grille « *Auto-diagnostic* » (*n° 1*) pour évaluer **vous-même** votre personnalité et votre comportement dans la vie courante.
- Demandez à 3 personnes de votre **entourage proche** (familial, amical...) – qui vous connaissent dans votre vie personnelle, de faire également votre évaluation, au moyen des **3** grilles « *Retour personnel* » (*n° 2 à 4*).
- Demandez à 3 autres personnes qui, elles, vous connaissent essentiellement dans le **milieu professionnel**, de vous rendre le même service au moyen des **3** grilles « *Retour professionnel* » (*n° 5 à 7*).

  ⇨ Regroupez ensuite l'ensemble de ces appréciations dans la grille récapitulative (§ 2).

Grille n° 1

Auto-diagnostic		FAIBLE	MOYEN	FORT	TRÈS FORT
Adaptation (Capacité d')	*Ajuster son comportement à de nouvelles situations*				
Ambition	*Désirer ardemment réussir, se fixer des objectifs élevés...*				
Analyse (Capacité d')	*Décomposer un problème en ses éléments pour l'étudier*				
Animation de groupe	*Harmoniser et faciliter le travail d'un groupe*				
Autonomie	*Se déterminer selon des règles librement choisies*				
Autorité naturelle	*Imposer sans contraindre, l'obéissance ou le respect...*				
Bon sens	*Juger les situations sans considération théorique inutile*				
Changement (Goût pour le)	*Aimer entreprendre des choses nouvelles et variées*				
Combativité	*Lutter contre les obstacles avec le désir acharné de vaincre*				
Communication (Sens de la)	*Savoir adapter son discours au public et à la situation*				
Concentration (Capacité de)	*Fixer intensément son attention sur un travail précis*				
Confiance en soi	*Être assuré de ses possibilités*				
Curiosité d'esprit	*Aimer connaître, apprendre, voir des choses nouvelles...*				
Discrétion	*Garder les secrets d'autrui, montrer de la réserve*				
Dynamisme	*Avoir de l'entrain et de la vitalité*				
Écoute	*Être attentif aux autres et réceptif à ce qu'ils expriment*				
Efficacité	*Obtenir effectivement les résultats voulus*				
Émotivité	*Ressentir vivement les choses et les situations*				

→

Grille n° 1 (suite)

Auto-diagnostic		FAIBLE	MOYEN	FORT	TRÈS FORT
Énergie	*Faire preuve de force et de fermeté dans l'action*				
Équilibre	*Maintenir une juste proportion entre les passions et la raison*				
Esprit d'équipe	*Être solidaire du groupe dont on fait partie*				
Humour	*Être sensible aux aspects plaisants ou insolites des situations*				
Intérêt général (Sens de l')	*Penser ou agir dans le but d'être utile à la collectivité*				
Intuition	*Saisir ou pressentir les choses sans l'aide du raisonnement*				
Méthode	*Procéder de manière ordonnée pour parvenir à un but*				
Organisation	*Agencer des moyens pour un fonctionnement efficace*				
Persévérance	*Mener une tâche avec résolution jusqu'à son aboutissement*				
Pragmatisme	*Privilégier l'action pratique aux spéculations intellectuelles*				
Réflexion (Capacité de)	*Arrêter sa pensée sur quelque chose pour l'examiner en détail*				
Régularité dans le travail	*Travailler avec constance et assiduité*				
Respect des règles	*Accepter les conventions, procédures, structures établies...*				
Rigueur	*Raisonner avec précision et exactitude*				
Sociabilité	*Rechercher la compagnie de ses semblables*				
Soin	*Travailler avec attention et application*				
Stabilité	*Apprécier la permanence ou la continuité des choses*				
Synthèse (Esprit de)	*Avoir une vue d'ensemble d'un problème ou d'une situation*				

Grille n° 2

Retour personnel de M...		FAIBLE	MOYEN	FORT	TRÈS FORT
Adaptation (Capacité d')	*Ajuster son comportement à de nouvelles situations*				
Ambition	*Désirer ardemment réussir, se fixer des objectifs élevés...*				
Analyse (Capacité d')	*Décomposer un problème en ses éléments pour l'étudier*				
Animation de groupe	*Harmoniser et faciliter le travail d'un groupe*				
Autonomie	*Se déterminer selon des règles librement choisies*				
Autorité naturelle	*Imposer sans contraindre, l'obéissance ou le respect...*				
Bon sens	*Juger les situations sans considération théorique inutile*				
Changement (Goût pour le)	*Aimer entreprendre des choses nouvelles et variées*				
Combativité	*Lutter contre les obstacles avec le désir acharné de vaincre*				
Communication (Sens de la)	*Savoir adapter son discours au public et à la situation*				
Concentration (Capacité de)	*Fixer intensément son attention sur un travail précis*				
Confiance en soi	*Être assuré de ses possibilités*				
Curiosité d'esprit	*Aimer connaître, apprendre, voir des choses nouvelles...*				
Discrétion	*Garder les secrets d'autrui, montrer de la réserve*				
Dynamisme	*Avoir de l'entrain et de la vitalité*				
Écoute	*Être attentif aux autres et réceptif à ce qu'ils expriment*				
Efficacité	*Obtenir effectivement les résultats voulus*				
Émotivité	*Ressentir vivement les choses et les situations*				

→

Grille n° 2 (suite)

Retour personnel de M...		**FAIBLE**	**MOYEN**	**FORT**	**TRÈS FORT**
Énergie	*Faire preuve de force et de fermeté dans l'action*				
Équilibre	*Maintenir une juste proportion entre les passions et la raison*				
Esprit d'équipe	*Être solidaire du groupe dont on fait partie*				
Humour	*Être sensible aux aspects plaisants ou insolites des situations*				
Intérêt général (Sens de l')	*Penser ou agir dans le but d'être utile à la collectivité*				
Intuition	*Saisir ou pressentir les choses sans l'aide du raisonnement*				
Méthode	*Procéder de manière ordonnée pour parvenir à un but*				
Organisation	*Agencer des moyens pour un fonctionnement efficace*				
Persévérance	*Mener une tâche avec résolution jusqu'à son aboutissement*				
Pragmatisme	*Privilégier l'action pratique aux spéculations intellectuelles*				
Réflexion (Capacité de)	*Arrêter sa pensée sur quelque chose pour l'examiner en détail*				
Régularité dans le travail	*Travailler avec constance et assiduité*				
Respect des règles	*Accepter les conventions, procédures, structures établies...*				
Rigueur	*Raisonner avec précision et exactitude*				
Sociabilité	*Rechercher la compagnie de ses semblables*				
Soin	*Travailler avec attention et application*				
Stabilité	*Apprécier la permanence ou la continuité des choses*				
Synthèse (Esprit de)	*Avoir une vue d'ensemble d'un problème ou d'une situation*				

Grille n° 3

Retour personnel de M...		FAIBLE	MOYEN	FORT	TRÈS FORT
Adaptation (Capacité d')	*Ajuster son comportement à de nouvelles situations*				
Ambition	*Désirer ardemment réussir, se fixer des objectifs élevés...*				
Analyse (Capacité d')	*Décomposer un problème en ses éléments pour l'étudier*				
Animation de groupe	*Harmoniser et faciliter le travail d'un groupe*				
Autonomie	*Se déterminer selon des règles librement choisies*				
Autorité naturelle	*Imposer sans contraindre, l'obéissance ou le respect...*				
Bon sens	*Juger les situations sans considération théorique inutile*				
Changement (Goût pour le)	*Aimer entreprendre des choses nouvelles et variées*				
Combativité	*Lutter contre les obstacles avec le désir acharné de vaincre*				
Communication (Sens de la)	*Savoir adapter son discours au public et à la situation*				
Concentration (Capacité de)	*Fixer intensément son attention sur un travail précis*				
Confiance en soi	*Être assuré de ses possibilités*				
Curiosité d'esprit	*Aimer connaître, apprendre, voir des choses nouvelles...*				
Discrétion	*Garder les secrets d'autrui, montrer de la réserve*				
Dynamisme	*Avoir de l'entrain et de la vitalité*				
Écoute	*Être attentif aux autres et réceptif à ce qu'ils expriment*				
Efficacité	*Obtenir effectivement les résultats voulus*				
Émotivité	*Ressentir vivement les choses et les situations*				

→

Grille n° 3 (suite)

Retour personnel de M...		FAIBLE	MOYEN	FORT	TRÈS FORT
Énergie	*Faire preuve de force et de fermeté dans l'action*				
Équilibre	*Maintenir une juste proportion entre les passions et la raison*				
Esprit d'équipe	*Être solidaire du groupe dont on fait partie*				
Humour	*Être sensible aux aspects plaisants ou insolites des situations*				
Intérêt général (Sens de l')	*Penser ou agir dans le but d'être utile à la collectivité*				
Intuition	*Saisir ou pressentir les choses sans l'aide du raisonnement*				
Méthode	*Procéder de manière ordonnée pour parvenir à un but*				
Organisation	*Agencer des moyens pour un fonctionnement efficace*				
Persévérance	*Mener une tâche avec résolution jusqu'à son aboutissement*				
Pragmatisme	*Privilégier l'action pratique aux spéculations intellectuelles*				
Réflexion (Capacité de)	*Arrêter sa pensée sur quelque chose pour l'examiner en détail*				
Régularité dans le travail	*Travailler avec constance et assiduité*				
Respect des règles	*Accepter les conventions, procédures, structures établies...*				
Rigueur	*Raisonner avec précision et exactitude*				
Sociabilité	*Rechercher la compagnie de ses semblables*				
Soin	*Travailler avec attention et application*				
Stabilité	*Apprécier la permanence ou la continuité des choses*				
Synthèse (Esprit de)	*Avoir une vue d'ensemble d'un problème ou d'une situation*				

Grille n° 4

Retour personnel de M...		FAIBLE	MOYEN	FORT	TRÈS FORT
Adaptation (Capacité d')	*Ajuster son comportement à de nouvelles situations*				
Ambition	*Désirer ardemment réussir, se fixer des objectifs élevés...*				
Analyse (Capacité d')	*Décomposer un problème en ses éléments pour l'étudier*				
Animation de groupe	*Harmoniser et faciliter le travail d'un groupe*				
Autonomie	*Se déterminer selon des règles librement choisies*				
Autorité naturelle	*Imposer sans contraindre, l'obéissance ou le respect...*				
Bon sens	*Juger les situations sans considération théorique inutile*				
Changement (Goût pour le)	*Aimer entreprendre des choses nouvelles et variées*				
Combativité	*Lutter contre les obstacles avec le désir acharné de vaincre*				
Communication (Sens de la)	*Savoir adapter son discours au public et à la situation*				
Concentration (Capacité de)	*Fixer intensément son attention sur un travail précis*				
Confiance en soi	*Être assuré de ses possibilités*				
Curiosité d'esprit	*Aimer connaître, apprendre, voir des choses nouvelles...*				
Discrétion	*Garder les secrets d'autrui, montrer de la réserve*				
Dynamisme	*Avoir de l'entrain et de la vitalité*				
Écoute	*Être attentif aux autres et réceptif à ce qu'ils expriment*				
Efficacité	*Obtenir effectivement les résultats voulus*				
Émotivité	*Ressentir vivement les choses et les situations*				

→

Grille n° 4 (suite)

Retour personnel de M...		FAIBLE	MOYEN	FORT	TRÈS FORT
Énergie	*Faire preuve de force et de fermeté dans l'action*				
Équilibre	*Maintenir une juste proportion entre les passions et la raison*				
Esprit d'équipe	*Être solidaire du groupe dont on fait partie*				
Humour	*Être sensible aux aspects plaisants ou insolites des situations*				
Intérêt général (Sens de l')	*Penser ou agir dans le but d'être utile à la collectivité*				
Intuition	*Saisir ou pressentir les choses sans l'aide du raisonnement*				
Méthode	*Procéder de manière ordonnée pour parvenir à un but*				
Organisation	*Agencer des moyens pour un fonctionnement efficace*				
Persévérance	*Mener une tâche avec résolution jusqu'à son aboutissement*				
Pragmatisme	*Privilégier l'action pratique aux spéculations intellectuelles*				
Réflexion (Capacité de)	*Arrêter sa pensée sur quelque chose pour l'examiner en détail*				
Régularité dans le travail	*Travailler avec constance et assiduité*				
Respect des règles	*Accepter les conventions, procédures, structures établies...*				
Rigueur	*Raisonner avec précision et exactitude*				
Sociabilité	*Rechercher la compagnie de ses semblables*				
Soin	*Travailler avec attention et application*				
Stabilité	*Apprécier la permanence ou la continuité des choses*				
Synthèse (Esprit de)	*Avoir une vue d'ensemble d'un problème ou d'une situation*				

Grille n° 5

Retour professionnel de M...		FAIBLE	MOYEN	FORT	TRÈS FORT
Adaptation (Capacité d')	*Ajuster son comportement à de nouvelles situations*				
Ambition	*Désirer ardemment réussir, se fixer des objectifs élevés...*				
Analyse (Capacité d')	*Décomposer un problème en ses éléments pour l'étudier*				
Animation de groupe	*Harmoniser et faciliter le travail d'un groupe*				
Autonomie	*Se déterminer selon des règles librement choisies*				
Autorité naturelle	*Imposer sans contraindre, l'obéissance ou le respect...*				
Bon sens	*Juger les situations sans considération théorique inutile*				
Changement (Goût pour le)	*Aimer entreprendre des choses nouvelles et variées*				
Combativité	*Lutter contre les obstacles avec le désir acharné de vaincre*				
Communication (Sens de la)	*Savoir adapter son discours au public et à la situation*				
Concentration (Capacité de)	*Fixer intensément son attention sur un travail précis*				
Confiance en soi	*Être assuré de ses possibilités*				
Curiosité d'esprit	*Aimer connaître, apprendre, voir des choses nouvelles...*				
Discrétion	*Garder les secrets d'autrui, montrer de la réserve*				
Dynamisme	*Avoir de l'entrain et de la vitalité*				
Écoute	*Être attentif aux autres et réceptif à ce qu'ils expriment*				
Efficacité	*Obtenir effectivement les résultats voulus*				
Émotivité	*Ressentir vivement les choses et les situations*				

→

Grille n° 5 (suite)

Retour professionnel de M...		FAIBLE	MOYEN	FORT	TRÈS FORT
Énergie	*Faire preuve de force et de fermeté dans l'action*				
Équilibre	*Maintenir une juste proportion entre les passions et la raison*				
Esprit d'équipe	*Être solidaire du groupe dont on fait partie*				
Humour	*Être sensible aux aspects plaisants ou insolites des situations*				
Intérêt général (Sens de l')	*Penser ou agir dans le but d'être utile à la collectivité*				
Intuition	*Saisir ou pressentir les choses sans l'aide du raisonnement*				
Méthode	*Procéder de manière ordonnée pour parvenir à un but*				
Organisation	*Agencer des moyens pour un fonctionnement efficace*				
Persévérance	*Mener une tâche avec résolution jusqu'à son aboutissement*				
Pragmatisme	*Privilégier l'action pratique aux spéculations intellectuelles*				
Réflexion (Capacité de)	*Arrêter sa pensée sur quelque chose pour l'examiner en détail*				
Régularité dans le travail	*Travailler avec constance et assiduité*				
Respect des règles	*Accepter les conventions, procédures, structures établies...*				
Rigueur	*Raisonner avec précision et exactitude*				
Sociabilité	*Rechercher la compagnie de ses semblables*				
Soin	*Travailler avec attention et application*				
Stabilité	*Apprécier la permanence ou la continuité des choses*				
Synthèse (Esprit de)	*Avoir une vue d'ensemble d'un problème ou d'une situation*				

Grille n° 6

Retour professionnel de M...		FAIBLE	MOYEN	FORT	TRÈS FORT
Adaptation (Capacité d')	*Ajuster son comportement à de nouvelles situations*				
Ambition	*Désirer ardemment réussir, se fixer des objectifs élevés...*				
Analyse (Capacité d')	*Décomposer un problème en ses éléments pour l'étudier*				
Animation de groupe	*Harmoniser et faciliter le travail d'un groupe*				
Autonomie	*Se déterminer selon des règles librement choisies*				
Autorité naturelle	*Imposer sans contraindre, l'obéissance ou le respect...*				
Bon sens	*Juger les situations sans considération théorique inutile*				
Changement (Goût pour le)	*Aimer entreprendre des choses nouvelles et variées*				
Combativité	*Lutter contre les obstacles avec le désir acharné de vaincre*				
Communication (Sens de la)	*Savoir adapter son discours au public et à la situation*				
Concentration (Capacité de)	*Fixer intensément son attention sur un travail précis*				
Confiance en soi	*Être assuré de ses possibilités*				
Curiosité d'esprit	*Aimer connaître, apprendre, voir des choses nouvelles...*				
Discrétion	*Garder les secrets d'autrui, montrer de la réserve*				
Dynamisme	*Avoir de l'entrain et de la vitalité*				
Écoute	*Être attentif aux autres et réceptif à ce qu'ils expriment*				
Efficacité	*Obtenir effectivement les résultats voulus*				
Émotivité	*Ressentir vivement les choses et les situations*				

→

Grille n° 6 (suite)

Retour professionnel de M...		FAIBLE	MOYEN	FORT	TRÈS FORT
Énergie	*Faire preuve de force et de fermeté dans l'action*				
Équilibre	*Maintenir une juste proportion entre les passions et la raison*				
Esprit d'équipe	*Être solidaire du groupe dont on fait partie*				
Humour	*Être sensible aux aspects plaisants ou insolites des situations*				
Intérêt général (Sens de l')	*Penser ou agir dans le but d'être utile à la collectivité*				
Intuition	*Saisir ou pressentir les choses sans l'aide du raisonnement*				
Méthode	*Procéder de manière ordonnée pour parvenir à un but*				
Organisation	*Agencer des moyens pour un fonctionnement efficace*				
Persévérance	*Mener une tâche avec résolution jusqu'à son aboutissement*				
Pragmatisme	*Privilégier l'action pratique aux spéculations intellectuelles*				
Réflexion (Capacité de)	*Arrêter sa pensée sur quelque chose pour l'examiner en détail*				
Régularité dans le travail	*Travailler avec constance et assiduité*				
Respect des règles	*Accepter les conventions, procédures, structures établies...*				
Rigueur	*Raisonner avec précision et exactitude*				
Sociabilité	*Rechercher la compagnie de ses semblables*				
Soin	*Travailler avec attention et application*				
Stabilité	*Apprécier la permanence ou la continuité des choses*				
Synthèse (Esprit de)	*Avoir une vue d'ensemble d'un problème ou d'une situation*				

Grille n° 7

Retour professionnel de M...		FAIBLE	MOYEN	FORT	TRÈS FORT
Adaptation (Capacité d')	*Ajuster son comportement à de nouvelles situations*				
Ambition	*Désirer ardemment réussir, se fixer des objectifs élevés...*				
Analyse (Capacité d')	*Décomposer un problème en ses éléments pour l'étudier*				
Animation de groupe	*Harmoniser et faciliter le travail d'un groupe*				
Autonomie	*Se déterminer selon des règles librement choisies*				
Autorité naturelle	*Imposer sans contraindre, l'obéissance ou le respect...*				
Bon sens	*Juger les situations sans considération théorique inutile*				
Changement (Goût pour le)	*Aimer entreprendre des choses nouvelles et variées*				
Combativité	*Lutter contre les obstacles avec le désir acharné de vaincre*				
Communication (Sens de la)	*Savoir adapter son discours au public et à la situation*				
Concentration (Capacité de)	*Fixer intensément son attention sur un travail précis*				
Confiance en soi	*Être assuré de ses possibilités*				
Curiosité d'esprit	*Aimer connaître, apprendre, voir des choses nouvelles...*				
Discrétion	*Garder les secrets d'autrui, montrer de la réserve*				
Dynamisme	*Avoir de l'entrain et de la vitalité*				
Écoute	*Être attentif aux autres et réceptif à ce qu'ils expriment*				
Efficacité	*Obtenir effectivement les résultats voulus*				
Émotivité	*Ressentir vivement les choses et les situations*				

→

Grille n° 7 (suite)

Retour professionnel de M...		FAIBLE	MOYEN	FORT	TRÈS FORT
Énergie	*Faire preuve de force et de fermeté dans l'action*				
Équilibre	*Maintenir une juste proportion entre les passions et la raison*				
Esprit d'équipe	*Être solidaire du groupe dont on fait partie*				
Humour	*Être sensible aux aspects plaisants ou insolites des situations*				
Intérêt général (Sens de l')	*Penser ou agir dans le but d'être utile à la collectivité*				
Intuition	*Saisir ou pressentir les choses sans l'aide du raisonnement*				
Méthode	*Procéder de manière ordonnée pour parvenir à un but*				
Organisation	*Agencer des moyens pour un fonctionnement efficace*				
Persévérance	*Mener une tâche avec résolution jusqu'à son aboutissement*				
Pragmatisme	*Privilégier l'action pratique aux spéculations intellectuelles*				
Réflexion (Capacité de)	*Arrêter sa pensée sur quelque chose pour l'examiner en détail*				
Régularité dans le travail	*Travailler avec constance et assiduité*				
Respect des règles	*Accepter les conventions, procédures, structures établies...*				
Rigueur	*Raisonner avec précision et exactitude*				
Sociabilité	*Rechercher la compagnie de ses semblables*				
Soin	*Travailler avec attention et application*				
Stabilité	*Apprécier la permanence ou la continuité des choses*				
Synthèse (Esprit de)	*Avoir une vue d'ensemble d'un problème ou d'une situation*				

2 Regroupement et valorisation des appréciations

(Voir exemple, page suivante)

- Pour chaque qualité, reportez dans la grille récapitulative, les 7 appréciations vous concernant, en mettant en évidence par un *signe distinctif ou une couleur différente*, l'origine des appréciations.
- Attribuez un poids à chaque appréciation : **0** pour *FAIBLE ou MOYEN* ; **1** pour *FORT* ; **2** pour *TRÈS FORT.* Calculez la **note** obtenue par chaque qualité. Totalisez l'ensemble des notes (T4).

Exemple

		FAIBLE = 0	MOYEN = 0	FORT = 1	TRÈS FORT = 2	NOTE
a	Adaptation			◆◆■■■	●◆	9
b	Ambition	●◆■■	◆◆■			0
c	Analyse	◆		●◆◆■	■■	8
d	Animation groupe	■	●■■	◆◆	◆	4
e	Autonomie	◆	●■	◆■	◆■	6
f	Autorité naturelle		■■■	●◆◆	◆	5

Légende (exemple) :

● *vert* votre propre appréciation (*Grille 1*)
◆ bleu appréciations de votre environnement personnel (*Grilles 2 à 4)*
■ rouge appréciations de votre environnement professionnel (*Grilles 5 à 7*)

Grille récapitulative

	FAIBLE = 0	MOYEN = 0	FORT = 1	TRÈS FORT = 2	NOTE
Adaptation					
Ambition					
Analyse					
Animation de groupe					
Autonomie					
Autorité naturelle					
Bon sens					
Changement					
Combativité					
Communication					
Concentration					
Confiance en soi					
Curiosité d'esprit					
Discrétion					
Dynamisme					
Écoute					
Efficacité					
Émotivité					
Énergie					
Équilibre					
Esprit d'équipe					
Humour					
Intérêt général					
Intuition					
Méthode					
Organisation					
Persévérance					
Pragmatisme					
Réflexion					
Régularité dans travail					
Respect des règles					
Rigueur					
Sociabilité					
Soin					
Stabilité					
Synthèse					
				Total T4	

3 Analyse des appréciations (*principaux cas*)

1° Toutes les appréciations convergent en votre faveur *(fort/ très fort)* **: vous n'avez pas de souci à vous faire !**

***Exemple* a** : *Vous estimez savoir vous adapter facilement et personne n'en doute, ni dans votre environnement personnel, ni dans votre milieu professionnel... Cela ne prouve pas que vous ayez réellement une forte capacité d'adaptation – mais si vous ne l'avez pas, vous cachez bien votre jeu !*

2° Toutes les appréciations convergent en votre défaveur *(faible/moyen)* **: attention !...**

***Exemple* b** : *Manifestement vous n'avez guère d'ambition. Non seulement vous n'en faites pas montre, mais vous en êtes convaincu vous-même... Néanmoins, peut-être « l'appétit vous viendra-t-il en mangeant » lorsque vous aurez trouvé le plat qui vous convient ?...*

3° Les appréciations sont cohérentes dans chaque milieu, mais divergentes entre eux : est-ce voulu par vous ?

***Exemples* d** *et* **f** : *Votre famille et vos amis reconnaissent votre influence et sont sensibles à ce que vous apportez au groupe, alors que vous paraissez plus discret à cet égard dans votre travail... Cela vous apprend-il quelque chose, ou reflète-t-il précisément les images contrastées que vous voulez donner de vous-même ?*

4° Toutes les appréciations sont homogènes – dans un sens ou dans l'autre – sauf une : pourquoi cet écart ?

***Exemple* c** : *Comment se fait-il qu'un « dissident » nie votre finesse d'analyse, par ailleurs incontestée ? Fait-il référence à un événement précis qui justifie son appréciation ? Demandez-le lui : son explication peut vous alerter sur vos limites ou vos défaillances dans des circonstances déterminées...*

N.B. : C'est peut-être vous-même qui vous distinguez du lot par votre appréciation... N'avez-vous pas tendance dans certains cas à vous dévaloriser – ou à vous survaloriser ?

5° Les appréciations sont dispersées de façon anarchique : de quel côté penche la balance ?...

***Exemple* e** : *Manifestement les avis sont partagés sur votre autonomie... Demandez, là aussi, des explications. Estimez en outre de quel coté la balance devrait pencher en fonction des autres critères : si vous êtes jugé par ailleurs « confiant en vous » et « dynamique », votre autonomie mériterait sans doute d'être mieux appréciée...*

4 Vos défauts : excès ou manques ?

Vous avez mis en évidence les qualités qui vous sont reconnues et celles qui le sont moins... Les unes et les autres doivent vous inciter à réfléchir à deux niveaux :

- Si une qualité est *faible*, vous *manque*-t-elle **à ce point**, qu'il faille la remplacer par le défaut contraire ?
- Si une qualité est *forte*, attention qu'elle ne le soit pas **trop** ! Poussée à l'excès, elle devient elle-même un défaut...

Dans un sens ou dans l'autre, soyez conscient de vos « **limites** ». Vous valoriserez d'autant mieux vos « **points forts** ».

« MANQUES »	↙ **QUALITÉS** ↗	*« EXCÈS »*
Rigidité	**Adaptation**	Soumission
Démotivation	**Ambition**	Arrivisme
Superficialité	**Analyse**	Pointillisme
Laxisme	**Animation de groupe**	Directivité
Dépendance	**Autonomie**	Indépendance
Sujétion	**Autorité naturelle**	Despotisme
Irréalisme	**Bon sens**	Simplisme
Immobilisme	**Changement**	Versatilité
Défaitisme	**Combativité**	Agressivité
Dogmatisme	**Communication**	Démagogie
Dispersion	**Concentration**	Étroitesse d'esprit
Anxiété	**Confiance en soi**	Présomption
Paresse d'esprit	**Curiosité d'esprit**	Éparpillement
Familiarité	**Discrétion**	Timidité
Indolence	**Dynamisme**	Agitation
Indifférence	**Écoute**	Influençabilité
Improductivité	**Efficacité**	Jusqu'au-boutisme
Insensibilité	**Émotivité**	Sensiblerie
Mollesse	**Énergie**	Intransigeance
Excès	**Équilibre**	Médiocrité
Individualisme	**Esprit d'équipe**	Chauvinisme
Austérité	**Humour**	Sarcasme
Égocentrisme	**Intérêt général**	Collectivisme
Rationalisme	**Intuition**	Improvisation
Empirisme	**Méthode**	Formalisme
Anarchie	**Organisation**	Technocratie
Découragement	**Persévérance**	Entêtement
Irréalisme	**Pragmatisme**	Manque de vision
Légèreté	**Réflexion**	Intellectualisme
Inconstance	**Régularité dans le travail**	Routine
Insouciance	**Respect des règles**	Conformisme
Incohérence	**Rigueur**	Rigidité
Misanthropie	**Sociabilité**	Dépendance d'autrui
Négligence	**Soin**	Perfectionnisme
Instabilité	**Stabilité**	Immobilisme
Confusion	**Synthèse**	Globalisation

5 Vos qualités correspondent-elles à vos compétences ?

- Reportez dans les cases du Tableau 4, les notes obtenues par les différentes qualités dans la **grille récapitulative** (§ 2).
- **Additionnez les notes par colonne et calculez le % par rapport au total (T4) des notes attribuées.**

Tableau 4 : Répartition de vos qualités

Réaliste		Investigatif		Artistique		Social		Entrepreneur		Conventionnel	
Bon sens		Analyse		Adaptation		Animation		Ambition		Concentration	
Efficacité		Méthode		Changement		Communication		Autonomie		Discrétion	
Énergie		Organisation		Curiosité		Écoute		Autorité		Persévérance	
Équilibre		Réflexion		Émotivité		Esprit d'équipe		Combativité		Respect des règles	
Pragmatisme		Rigueur		Humour		Intérêt général		Confiance en soi		Soin	
Régularité		Synthèse		Intuition		Sociabilité		Dynamisme		Stabilité	

Total R4		Total I4		Total A4		Total S4		Total E4		Total C4	
r4	%	i4	%	a4	%	s4	%	e4	%	c4	%

- À partir du Tableau 4, classez les familles par ordre décroissant des % ***(Classement 4)***. Mettez ces résultats en regard des *Classements 1, 2 et 3* des chapitres précédents.

Rang	Classement 1 *(Motivations)*	%	Classement 2 *(Intérêts)*	%	Classement 3 *(Compétences)*	%	Classement 4 *(Qualités)*	%
1								
2								
3								
4								
5								
6								

Vos qualités confirment-elles vos compétences ?

1er cas – *Vous semblez exploiter vos qualités dans ce que vous faites...*

Exemple

Rang	Classement 1 *(Motivations)*	%	Classement 2 *(Intérêts)*	%	Classement 3 *(Compétences)*	%	Classement 4 *(Qualités)*	%
1	Artistique	22%	Entrepreneur	23 %	Entrepreneur	30 %	Artistique	22 %
2	**Investigatif**	20 %	**Artistique**	20 %	**Investigatif**	21 %	**Entrepreneur**	**21 %**
3	**Entrepreneur**	19 %	**Investigatif**	18 %	**Artistique**	20 %	**Social**	**17 %**
4	Réaliste	12 %	Social	17 %	Réaliste	15 %	Investigatif	16 %
5	Social	11 %	Réaliste	15 %	Social	14 %	Réaliste	15 %
6	Conventionnel	6 %	Conventionnel	7 %	Conventionnel	0 %	Conventionnel	9 %

⇨ Les scores des différentes familles montrent rarement une adéquation parfaite entre qualités d'une part, intérêts et compétences d'autre part. *N'accordez donc aux chiffres qu'une importance relative...*

2e cas – Vos qualités mettent en évidence votre potentiel... mais remettent en question vos compétences !

Exemple

Rang	Classement 1 *(Motivations)*	%	Classement 2 *(Intérêts)*	%	Classement 3 *(Compétences)*	%	Classement 4 *(Qualités)*	%
1	**Artistique**	**22%**	**Entrepreneur**	**23 %**	**Investigatif**	**35 %**	**Entrepreneur**	**25 %**
2	**Investigatif**	20 %	**Investigatif**	20 %	**Conventionnel**	19 %	**Artistique**	**22 %**
3	**Entrepreneur**	19 %	**Artistique**	18 %	**Réaliste**	17 %	**Investigatif**	**17 %**
4	Réaliste	12 %	Social	17 %	Réaliste	15 %	Investigatif	12 %
5	Social	11 %	Réaliste	15 %	Social	14 %	Réaliste	12 %
6	Conventionnel	6 %	Conventionnel	7 %	Conventionnel	0 %	Conventionnel	12 %

⇨ Dans cet exemple, il semblerait que vous ayez développé des compétences qui ne correspondent pas à votre vraie nature. Cela peut malheureusement arriver – d'abord du fait de l'éducation (ah ! les ravages de la « diplômite » !...), puis au gré des aléas professionnels...

Il est temps que vous vous ressaisissiez : vous avez le potentiel pour « entreprendre » !

> Quels que soient les résultats obtenus, l'analyse de vos qualités mérite d'être approfondie et nuancée, car l'affectation des qualités aux familles n'est pas exclusive :
>
> *si l'efficacité et l'énergie sont associées au Réaliste, elles ne doivent pas pour autant faire défaut à l'Entrepreneur ;*
>
> *si l'Investigatif se distingue par sa rigueur, cela ne veut pas dire que le Conventionnel en manque...*

Pour affiner l'analyse, établissez le tableau 4 bis (page suivante) :

- Réexaminez vos qualités une à une, **quelles que soient les familles.**
- Sélectionnez celles qui, en définitive, sont incontestablement vos **points forts**.

- Notez vos limites (inférieures ou supérieures) qui réclament votre vigilance.

Tableau 4 bis : Vos points forts et vos limites

	R	I	A	S	E	C
POINTS FORTS						
LIMITES inférieures (–) ou supérieures (+)						

✍ **Ajoutez au besoin, des qualités que vous savez posséder, bien qu'elles ne figurent pas dans la liste proposée.**

Exemple

	R	I	A	S	E	C
POINTS FORTS	BON SENS	SYNTHÈSE	ADAPTATION CURIOSITÉ INTUITION	ÉCOUTE	AUTONOMIE AUTORITÉ DYNAMISME **(Goût du risque)***	
LIMITES inférieures (–) ou supérieures (+)		*Analyse (–) Rigueur (–)*	*Émotivité (+)*			*Persévé-rance (–)*

* (Qualité ajoutée)

5 Vos compétences-clés
Où motivations, compétences et qualités se renforcent mutuellement

Tout au long de cette analyse, nous avons utilisé la typologie des familles de HOLLAND comme « fil rouge » pour vous permettre d'ordonner les éléments qui *vous caractérisent*. Mais aucun individu n'est à ce point « typé » que l'étiquette qu'on lui assigne suffise à le définir : chacun de nous appartient à plusieurs familles à la fois. Vous l'avez constaté en ce qui vous concerne.

Ce sont ces complémentarités qui font la richesse de votre personnalité, ces contrastes qui lui donnent du relief.

- Vous avez déterminé au Chapitre 1 à quelle famille de motivation vous appartenez.
- Vous avez identifié au Chapitre 3 quelles étaient vos compétences générales, c'est-à-dire les compétences qui rejoignent vos intérêts *(ce que vous **aimez et savez** faire)*.
- Vous avez mis en évidence au Chapitre 4 les qualités sur lesquelles s'appuient ces compétences.

Motivation + Compétence + Qualité = Compétence-clé

À ces compétences-clés s'ajoute votre potentiel, c'est-à-dire les qualités que vous pourriez mieux exploiter – pour les transformer en compétences.

Motivation + Qualité = Potentiel

⇨ Extrayez des tableaux 1 bis (chap. 1), 3 ter (chap. 3) et 4 bis (chap. 4), les informations nécessaires pour composer le tableau 5 (ci-dessous).

Tableau 5 : Vos compétences-clés

(Voir exemple, page suivante)

		R	I	A	S	E	C
Tableau 1 bis	MOTIVATIONS						
Tableau 3 ter	COMPÉTENCES GÉNÉRALES						
Tableau 4 bis	POINTS FORTS						

↓

COMPÉTENCES CLÉS						
POTENTIEL						

C'est sur ces bases que vous bâtirez votre Projet professionnel.

Exemple de détermination des compétences-clés

	R	I	A	S	E	C
MOTIVATIONS		Besoin de comprendre	Expression de soi			
COMPÉTENCES GÉNÉRALES		ÉTUDIER		COMMUNI-QUER	DÉVELOPPER DIRIGER	
POINTS FORTS	BON SENS	SYNTHÈSE	ADAPTATION CURIOSITÉ INTUITION	ÉCOUTE	AUTONOMIE AUTORITÉ DYNAMISME (Goût du risque)	
COMPÉTENCES CLÉS				COMMUNI-QUER	DÉVELOPPER DIRIGER	
POTENTIEL			*CRÉER*			

Dans cet exemple :

⇨ **Votre projet professionnel pourrait être orienté selon 2 axes :**

- **DÉVELOPPER** une activité, en vous appuyant sur votre *CRÉATIVITÉ*
- la **DIRIGER** en utilisant votre capacité à **COMMUNIQUER**

... Vous êtes désormais « au clair » sur vos familles d'appartenance, après y avoir apporté les nuances nécessaires...

Les diverses combinaisons des familles permettent de couvrir tout l'éventail des métiers.

Par exemple selon les autres familles qui le complètent, le *Réaliste* peut être aussi bien : agriculteur, sportif ou chirurgien...

L'investigatif : chirurgien-dentiste, architecte, informaticien ou chercheur...

L'artistique : peintre, ingénieur du son, ou journaliste...

Le social : formateur, psychologue ou publicitaire...

L'entrepreneur : chef d'entreprise, metteur en scène ou vendeur...

Le conventionnel : gendarme, chef comptable ou notaire...

Votre métier actuel correspond-il à vos familles d'élection ?
Sinon à défaut de changer de métier, « changez votre métier » !

Deuxième phase

VOTRE PROJET

« Il n'y a pas de vent favorable
pour celui qui ne sait où il va »

SÉNÈQUE

Un projet, c'est un objectif précis à atteindre dans un délai donné avec les moyens appropriés.

À partir des résultats de votre Bilan, déterminez par étapes successives…

VOTRE CIBLE PROFESSIONNELLE

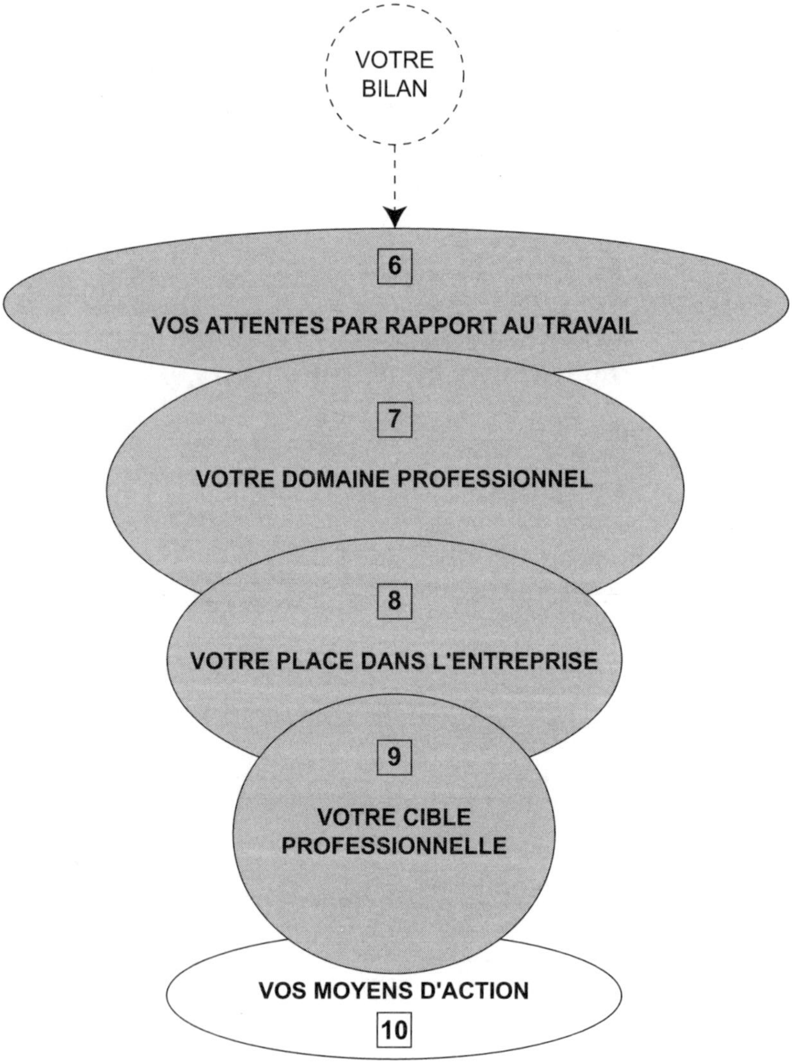

VOTRE BILAN

6 VOS ATTENTES PAR RAPPORT AU TRAVAIL

7 VOTRE DOMAINE PROFESSIONNEL

8 VOTRE PLACE DANS L'ENTREPRISE

9 VOTRE CIBLE PROFESSIONNELLE

VOS MOYENS D'ACTION 10

6 Vos attentes par rapport au travail
Pourquoi et comment travaillez-vous ?

1 Pourquoi travaillez-vous ?

Si c'est d'abord pour « gagner leur vie », que la plupart des gens ont ou recherchent un travail, ils en attendent aussi – consciemment ou non – d'autres satisfactions… Nous avons généralement plusieurs raisons de travailler, auxquelles nous accordons plus ou moins d'importance. Quelles sont les vôtres ?

Attribuez un ordre de priorité à vos attentes		N° ordre
Gagner votre vie ?	Le travail est essentiellement pour vous une source de revenus ; il vous procure des moyens de consommation.	
Structurer votre temps ?	Le travail vous donne des repères dans le temps : heures de travail dans la journée, jours dans la semaine, congés…	
Régulariser votre activité ?	Le travail vous permet d'avoir des activités habituelles et régulières.	
Développer vos relations ?	Le travail vous donne l'occasion de « voir des gens », d'élargir le champ de vos expériences relationnelles.	
Être utile à la société ?	Le travail est pour vous le moyen de vous impliquer dans des actions collectives.	

→

Attribuez un ordre de priorité à vos attentes		N° ordre
Développer vos capacités ?	Le travail vous permet de parfaire vos connaissances et d'acquérir de nouvelles compétences.	
Renforcer votre identité ?	Le travail contribue à valoriser l'image que vous avez de vous-même.	

Adapté d'une étude de Marie JAHODA (1980), reprise par Dominique CLAVIER, « Le sens du travail », 1992

⇨ **Assurez-vous que les raisons que vous avez sélectionnées correspondent bien aux motivations et aux intérêts que votre Bilan vous a permis de faire émerger…**

Par ailleurs, ce que nous attendons d'un travail varie selon la ***phase de vie*** que nous traversons et le niveau de développement personnel que nous avons atteint…

Le meilleur âge est celui qu'on a !

De 21 à 28 ans, on recherche sa vérité

– on rompt avec les habitudes et les idéaux établis ;
– on s'extrait de son milieu pour s'affirmer ;
– on multiplie les expériences pour mieux se connaître ;
– on prend conscience de sa responsabilité individuelle.

... *À moins qu'on ne se réfugie dans l'acceptation passive des modèles sociaux, ou au contraire, dans la rébellion systématique...*

De 28 à 35 ans, on est soi-même, authentiquement

– on manifeste ses compétences propres ;
– on exprime sa créativité ;
– on marque les choses de son empreinte personnelle ;
– on effectue sa percée professionnelle.

... *À moins que, ne sentant pas où est sa destinée personnelle, on ne cherche des modèles extérieurs, on ne reste dans le sillage de personnes brillantes...*

De 35 à 40 ans, on se réajuste par rapport aux autres

– on intègre les réactions des autres ;
– on discipline son énergie, on perfectionne sa technique ;
– on maîtrise l'expression de son individualité ;
– on fait des choix pour se centrer sur l'essentiel.

... *À moins qu'on ne se disperse par refus de se limiter, ou qu'on ne se marginalise par refus des autres, ou que faute de remise en cause personnelle, on ne se déresponsabilise...*

De 40 à 50 ans, on partage avec les autres

– on privilégie « l'être » par rapport à « l'avoir» ;
– on cherche l'équilibre entre soi et les autres ;
– on met l'accent sur le projet partagé, l'échange ;
– on s'investit dans la réalisation d'un idéal commun.

... *À moins qu'ayant mal vécu les stades précédents, en désespoir de cause, on ne renonce et ne se soumette aux événements, on ne se mette « en roue libre »...*

De 50 à 65 ans, on transmet aux autres

– on restitue les fruits de son expérience ;
– on organise l'activité commune ;
– on gère la relation humaine ;
– on sert la collectivité.

... *À moins que, « trop vieux pour changer », on ne se répète sans se renouveler, on ne devienne dogmatique et autoritaire, on ne s'arc-boute à ses titres et prérogatives...*

Au-delà de 65 ans, on fait le don de soi-même

– on approfondit le sens de sa vie ;
– on éprouve le sentiment d'un accord avec l'existence ;
– on devient un guide pour les autres ;
– on voit dans les autres un prolongement de soi-même.

... *À moins que, si la routine l'a emporté sur le renouveau, on ne se réfugie dans le formalisme et les automatismes et qu'on ne devienne vieux par perte d'intérêt dans la vie...*

Adapté de Flore DELAPALME, De la carrière à l'itinéraire, *Ed.* CHOTARD, *1993*

2 Comment travaillez-vous ?

Lorsqu'on décide de quitter *volontairement* un emploi, c'est souvent moins pour changer d'activité que pour en améliorer le cadre et les conditions dans lesquelles on l'exerce…

La **façon de travailler** qui vous convient dépend notamment de votre relation au temps et de votre mode de collaboration avec les autres. Ce sont là des éléments structurels qui à défaut d'être pris en compte, risquent de vous mettre mal à l'aise et de nuire à votre efficacité…

- **Votre relation au temps**

On peut aimer agir à court terme dans certains domaines et exiger du temps pour mener à bien d'autres opérations… Mais il y a toujours une dominante dans notre relation au temps, une propension plus ou moins forte à nous projeter, un rythme dans le renouvellement des actions qui nous convient particulièrement.

Dans quelle perspective préférez-vous situer votre action ?

	Attribuez un poids à vos préférences	%
Court terme ? *< 6 mois*	Vous aimez que votre action débouche sur des résultats.	
Moyen terme ? *de 6 à 18 mois*	Vous avez besoin d'une certaine latitude dans votre action. Vous supportez mal de rendre des comptes au jour le jour…	
Long terme ? *> 18 mois*	Votre action s'inscrit dans la durée. Vous réclamez de ne pas être jugé sur des résultats intermédiaires.	

- **Votre mode de collaboration**

Certaines personnes ont du mal à partager leur espace de travail. D'autres ne sont réellement efficaces qu'à la tête ou au sein d'une équipe. D'autres encore privilégient la relation duale dans la collaboration…

Bien entendu, on peut difficilement, en Entreprise, se cantonner dans un seul type de collaboration, ou travailler constamment « en solo »…

Dans une fonction de management, on peut apprécier par exemple, de travailler en binôme avec son patron pour élaborer la stratégie et préparer les décisions et privilégier en revanche le travail en équipe pour conduire leur mise en œuvre.

Mais nous avons chacun nos préférences… Quelles sont les vôtres ?

	Attribuez un poids à vos préférences	%
Seul ?	Vous aimez mener de bout en bout une mission sans le secours de quiconque et décider en fonction de votre propre jugement.	
En binôme ?	Vous appréciez de trouver un partenaire dont les compétences sont complémentaires des vôtres.	
En équipe ?	Vous aimez travailler en commun. Pour vous, la solidarité est condition essentielle de réussite.	

⇨ **Assurez-vous que vos réponses sont cohérentes avec les conclusions de votre Bilan… Si par exemple, vous êtes « Social » et que vous détestez travailler en équipe, cela mérite réflexion !…**

3 Manager ou expert ?

Dans « quelle peau » vous sentez-vous le mieux ?... Celui qui commande ou celui qui conseille, celui qui agit ou celui qui réfléchit... « Manager » ou « Expert » ?...

Ces termes ne s'opposent pas pour autant et recouvrent des réalités diverses :

- celui que nous appelons *manager* peut être un *développeur* (qui prend des risques, provoque le changement) ou un *gestionnaire* (qui gère, préserve l'acquis) ;
- celui que nous désignons comme *expert* peut être aussi bien un chercheur ayant exclusivement un *travail intellectuel*, qu'un cadre d'État-major assumant un *rôle fonctionnel*...

Cependant, votre personnalité est probablement mieux adaptée à un **rôle** plutôt qu'à l'autre, même si les contraintes de la vie professionnelle ne vous en ont pas toujours laissé le choix...

Situez-vous à l'aide du tableau suivant, en cochant *à chaque ligne*, la dominante qui vous correspond le mieux – ***« A » ou «* B »**. (Vous êtes obligé de choisir 1 réponse et 1 seule !)

QUALITÉS DE BASE	Dominante	A	Dominante	B
LA VITALITÉ	Désir d'être le Premier		Désir d'être le Meilleur	
	Pouvoir hiérarchique		Pouvoir d'influence	
	Énergie motrice		Puissance de travail	
	Résistance au stress		Persévérance	
	Vivacité dans l'action		Dynamisme intellectuel	
L'INTELLIGENCE	Vision créatrice		Curiosité intellectuelle	
	Intuition		Imagination	
	Ouverture d'esprit		Lucidité	
	Intelligence des situations		Compréhension des données	
	Pragmatisme, bon sens		Ajustement des solutions	
LE SENS RELATIONNEL	Besoin d'être suivi		Besoin d'être reconnu/ sa compétence	
	Force de conviction		Comportement pédagogique	
	Autorité		Animation	
	Sens de la délégation		Coordination	
	Ascendant		Séduction	
(Total = 15)	Score « MANAGER » →		Score « EXPERT » →	

Adapté de la méthode MILO, cabinet DELOS, Paris

⇨ **En définitive, de quel côté la balance penche-t-elle ? Vérifiez que le résultat n'est pas aberrant par rapport à votre Bilan… Réfléchissez sur les contradictions apparentes…**

A priori, les managers appartiendraient préférentiellement à la famille des Entrepreneurs, mais cela mérite d'être nuancé : *le leader* charismatique peut être un Artistique porté par son intuition, ou un Social défendant les valeurs qui l'inspirent ; le *gestionnaire,* un Conventionnel respectueux des structures, ou un Réaliste soucieux de résultats concrets…

Il faut de tout pour faire un monde !...

Lancer une activité, maîtriser l'expansion ou gérer la crise, ne réclament pas les mêmes patrons...

⇨ ... *Votre profil ne ressemble à aucun autre ? Vous êtes peut-être le patron de demain !*

4 Participatif ou directif ?

Précisément, quel est (ou serait) votre **style de management** ? Celui que vous pratiquez le plus volontiers et/ou que vous « appréciez » le plus de la part de votre patron (c'est généralement le même...).

Il n'existe pas de style idéal de management, s'appliquant à *tous les individus* dans *toutes les circonstances* :

- si certaines situations réclament que le pouvoir soit exercé de façon autoritaire, il en est d'autres où l'efficacité du groupe repose sur la responsabilité collective...
- on ne dirige pas de la même façon une équipe de techniciens de surface et un groupe de consultants chevronnés ou de chercheurs bardés de diplômes...

Raison de plus pour identifier dans quelle **situation** vous êtes le plus à l'aise. Cela dépend de votre tendance naturelle à être plutôt *directif, persuasif, participatif, ou délégatif...*

Attribuez un poids à vos préférences		%
Style Directif « STRUCTURER »	Vous *prenez* les décisions. Mots-clés : organisation – autorité – contrôle. Vous dites « **JE** ».	
Style Persuasif « MOBILISER »	Vous *prenez* les décisions. Mots-clés : explication – persuasion – conviction. Vous dites **« JE » + « NOUS »**.	
Style Participatif « ASSOCIER »	Vous *partagez* les décisions. Mots-clés : écoute – partenariat – négociation. Vous dites « **NOUS** »	
Style Délégatif « RESPONSABILISER »	Vous *déléguez* les décisions. Mots-clés : responsabilité – objectifs – contrat. Vous dites « **VOUS** ».	

Adapté de Dominique TISSIER, Le Management Situationnel, *Ed. INSEP, 1988*

Si l'on croise ces différents styles avec les familles de HOLLAND, le Conventionnel ou le Réaliste pratiqueraient volontiers un management directif, le Social adopterait tout naturellement le style participatif, l'Artistique ou l'Investigatif seraient plutôt persuasifs, le véritable Entrepreneur saurait être délégatif…

⇨ **Ces points de repère vous permettent de cadrer votre réflexion : à vous désormais, d'assumer votre propre « style de management » – qui n'appartient qu'à vous et qui « colle » à l'image que vous donnez…**

7 Votre domaine professionnel
Que connaissez-vous ?

Vous savez ce que vous attendez d'une activité professionnelle… Il s'agit désormais de cerner dans quel domaine vous *pourriez* l'exercer.

Le *domaine professionnel* est déterminé par les *connaissances* que vous avez *acquises* et par les *champs d'actions* où ces connaissances sont *requises*.

1 Faites le point sur vos connaissances

Nous vous proposons ***(Tableau 6**, page suivante)* une **liste synthétique des connaissances** (culture générale, savoirs techniques, connaissances spécifiques) couvrant des disciplines et des métiers divers.

- Examinez-la attentivement : même si vous n'avez pas eu l'occasion d'utiliser dans le travail toutes ces connaissances, les posséder *peut vous donner des idées* pour votre évolution professionnelle…
- Mentionnez en regard des connaissances retenues **le degré de maîtrise** que vous estimez avoir.

Sensibilisation *« J'en ai entendu parler »*	**Pratique** *« Je sais faire »*	**Maîtrise** *« Je comprends »*	**Expertise** *« Je fais évoluer »*
Connaissance d'un milieu de travail. Compréhension du **vocabulaire**.	Mise en pratique d'un savoir-faire. **Expérience** « **sur le terrain** ».	Compréhension des données théoriques. **Capacité de transmettre** ce savoir dans le cadre professionnel.	Maîtrise des principes fondamentaux. **Capacité à faire évoluer le savoir.** Niveau le plus conceptuel.

Classification adoptée dans le R.OM.E., ANPE, 1993

Tableau 6 : LISTE des CONNAISSANCES

	Sensibilisation	*Pratique*	*Maîtrise*	*Expertise*
Achats				
Agriculture				
Architecture, urbanisme				
Arts (histoire de l'art)				
Bâtiment, construction				
Biologie, botanique, zoologie				
Bois, meubles				
Bureautique				
Cinéma, théâtre				
Comptabilité				
Cuisine				
Dessin, métiers d'art				
Droit, législation				
Économie				
Électricité, électronique				
Environnement, aménagement				
Fiscalité				
Génie civil, travaux publics				
Géographie				
Géologie				
Gestion du personnel				
Gestion financière				
Histoire				
Hydraulique				

→

	Sensibilisation	Pratique	Maîtrise	Expertise
Informatique				
Langue : Anglais				
Langue : X				
Langue : X				
Littérature				
Logistique				
Management				
Marketing				
Mathématiques				
Mécanique				
Médecine				
Musique, chant, danse				
Organisation				
Pédagogie, formation				
Peinture				
Pharmacie				
Philosophie				
Photographie				
Physique, chimie				
Psychologie				
Sociologie				
Sculpture				
Sécurité, cond. travail				
Sports, jeux				
Technologie				
Tissus, habillement				
Vente				
…				

⇨ *N'hésitez pas à modifier, préciser, compléter cette liste pour l'adapter à votre cas.*

2 Choisissez votre champ d'action

La notion de « *champ d'action* » regroupe les activités professionnelles selon des critères variés : secteurs d'activités, métiers, ou fonctions de l'Entreprise... Elle facilite la « fertilisation croisée ».

Par exemple, la *Gestion de l'entreprise* (*fonction*) peut être croisée avec les *Assurances*, ou *l'Aéronautique* (*secteurs*) – mais on peut aussi travailler *dans* les *Assurances* (en tant que *métier*) *pour l'Aéronautique* (*secteur*)...

Le **Tableau 7**, *page suivante*, propose une liste de champs d'actions, répartis en 9 groupes : Activités tertiaires ; Industrie & Technique ; Administration & Gestion ; Commercial, Marketing & Communication ; Activités Sociales ; Arts & Spectacles ; Nature ; Enseignement & Recherche ; Protection publique.

- Cochez dans les colonnes prévues à cet effet :

- les champs que **vous connaissez** pour *y avoir déjà travaillé* ou avoir *travaillé avec* (en tant que Fournisseur, par exemple) ;
- ceux qui **vous intéressent** à un titre ou à un autre, *que vous les connaissiez ou non* ;
- ceux que **vous rejetez** pour quelque raison que ce soit, *que vous les connaissiez ou non.*

⇨ **Le choix du domaine professionnel est très important. Même si, faute de compétence technique suffisante, vous ne pouvez y réaliser votre rêve – il peut au moins vous permettre de l'alimenter...**

Si vous avez toujours rêvé de « faire du cinéma », mais que la vie a fait de vous un contrôleur de gestion expérimenté – quittez PEUGEOT pour aller chez GAUMONT ! Vous y exercerez sans doute le même métier, mais avec plus de passion...

Tableau 7 : CHAMPS D'ACTIONS

	Je connais	*Je suis intéressé*	*Je rejette*
Activités tertiaires			
ASSURANCES			
BANQUE, BOURSE			
CONSEILS & SERVICES AUX ENTREPRISES			
HÔTELLERIE, RESTAURATION			
IMMOBILIER			
NETTOYAGE, ASSAINISSEMENT			
SERVICES AUX PARTICULIERS (laverie, coiffure, esthétique…)			
SPORTS & LOISIRS			
TOURISME			
TRANSPORTS, MANUTENTION			
Industrie & Technique			
AÉRONAUTIQUE, ESPACE ; CONSTRUCTION NAVALE			
AGRO-ALIMENTAIRE, ALIMENTATION			
AUTOMOBILE, MOTOCYCLES			
BÂTIMENT, TRAVAUX PUBLICS			
BOIS, AMEUBLEMENT ; PAPIER, CARTON			
CHIMIE, PHARMACIE			
CUIRS et PEAUX (cordonnerie, maroquinerie…)			
EAU, GAZ (captage, production, distribution)			
ÉLECTRICITÉ, ÉLECTROTECHNIQUE ; ÉLECTRONIQUE			
IMPRIMERIE, INDUSTRIES GRAPHIQUES, ÉDITION			
INFORMATIQUE			
MÉCANIQUE, TRAVAIL DES MÉTAUX			
MINES ET CARRIÈRES (houille, minerais, pierre, sel…)			
PÉTROLE (extraction, raffinage, distribution) ; NUCLÉAIRE			
TÉLÉCOMMUNICATIONS			
TEXTILE, HABILLEMENT			
THERMIQUE (chauffage, climatisation, industrie du froid…)			
TRANSFORMATION MATÉRIAUX (céramique, plasturgie, verre…)			

	Je connais	Je suis intéressé	Je rejette
Administration & Gestion			
ADMINISTRATION PUBLIQUE (ministères, postes ...)			
GESTION DE L'ENTREPRISE (administration, finances)			
Commercial, Marketing & Communication			
COMMERCE, DISTRIBUTION, VENTE			
INFORMATION, COMMUNICATION, MARKETING, PUBLICITE			
Activités Sociales			
ASSOCIATIONS (humanitaires, politiques, religieuses, syndicales,...)			
SANTÉ (médical, paramédical)			
SOCIAL (action sociale, insertion, éducation spécialisée…)			
Arts & Spectacles			
ARTS, MÉTIERS D'ART			
SPECTACLES ; AUDIOVISUEL			
Nature			
AGRICULTURE			
PÊCHE, AQUACULTURE ; NAVIGATION			
Enseignement & Recherche			
ENSEIGNEMENT ; FORMATION			
SCIENCES HUMAINES (géographie, psychologie, sociologie…)			
SCIENCES NATURELLES (biologie, botanique…)			
SCIENCES PHYSIQUES (géologie, sciences de la mer…)			
Protection publique			
DÉFENSE (armée, paramilitaire)			
JURIDIQUE, JUDICIAIRE (justice)			
SÉCURITE PUBLIQUE, PRÉVENTION (police, pompiers…)			

8 Votre place dans l'entreprise
Situez vos compétences par rapport à celles que réclame l'Entreprise

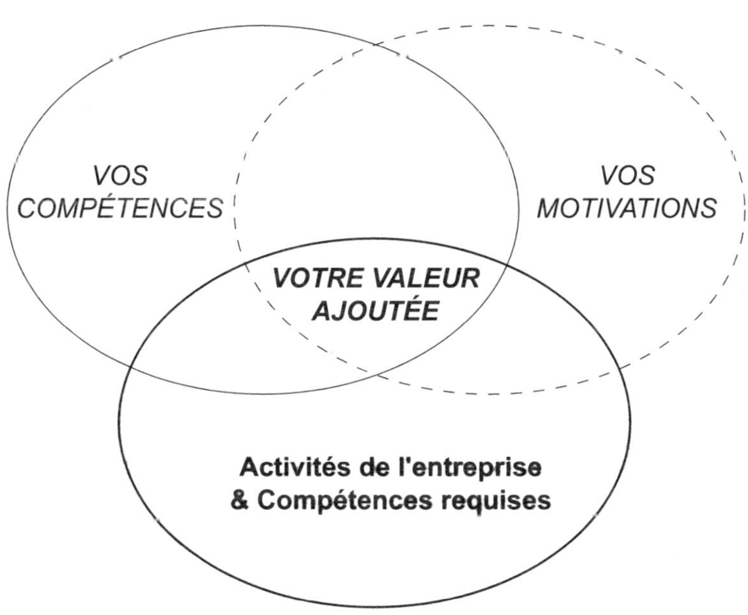

1 À quoi sert une entreprise ?

Sans nier son rôle social, il faut bien admettre que l'Entreprise ne s'intéresse à l'individu qu'autant qu'il contribue à la réalisation de ses objectifs économiques.

Toute entreprise, quelle qu'elle soit, a pour finalité de générer de la valeur ajoutée.

Ce qui l'intéresse, ce n'est pas qui vous êtes, c'est la V.A. que vous êtes susceptible de lui apporter.

Toute la question est de savoir où **votre apport se situe** dans la « chaîne de valeur ajoutée » de l'Entreprise.

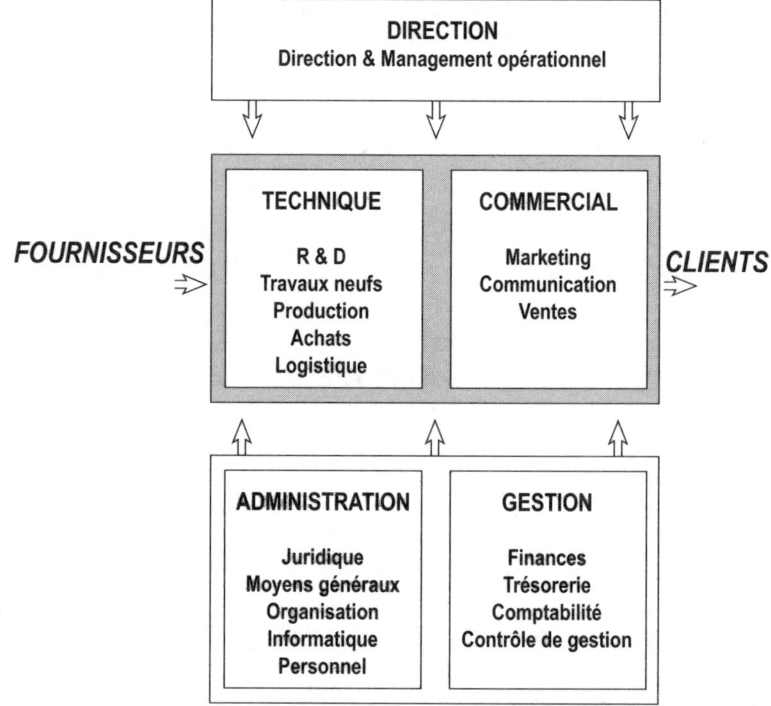

✍ *Nous utilisons le terme « entreprise » dans son acception la plus large, sans considération de statut, de taille ou de secteur économique : une association ou une administration sont des entreprises au même titre qu'une société industrielle ou une banque… et génèrent d'une façon ou d'une autre de la « valeur ajoutée ».*

Dans cet esprit, sous réserve d'adapter certains termes, le modèle sur lequel nous nous appuyons pour décrire les fonctions est transposable à toute organisation… Par exemple : si l'on ne peut parler de

« vente » dans une association caritative, il doit bien y avoir une fonction qui y ressemble – ne serait-ce que pour trouver les financeurs des projets qu'elle met en œuvre… !

2 De quelles compétences l'entreprise a-t-elle besoin ?

L'Entreprise doit disposer de compétences diversifiées pour assumer l'ensemble de ses fonctions, dont chacune contribue – directement (la Production…) ou indirectement (la Gestion…) – à sa Valeur Ajoutée.

Ces compétences peuvent se résumer aux **12 « compétences générales »**, définies précédemment (*cf.* chap. 3 §4) :

RÉALISER

ÉTUDIER
ORGANISER

CRÉER

COMMUNIQUER
CONSEILLER

DÉVELOPPER
DIRIGER
NÉGOCIER

CONTRÔLER
GÉRER
TRAITER

Pour identifier les compétences dont l'Entreprise a besoin, nous avons décomposé les fonctions et activités en tâches essentielles, et mis en regard les compétences nécessaires pour assumer ces dernières.

Dans les pages suivantes :

- le Tableau 8 présente de façon synthétique le croisement fonctions/compétences.
- le Tableau 8 bis – dont le Tableau 8 est issu – détaille les compétences associées aux diverses tâches.

Tableau 8 : Croisement Compétences/Fonctions de l'entreprise

	FAMILLES ⇨ ⇩ COMPÉTENCES ⇨	Réaliste RÉALISER	Investigatif ÉTUDIER	ORGANISER	Artistique CRÉER	Social COMMUNIQ.
	DIRECTION *la conduite des hommes*			Structures Répartition des tâches		Motivation Représentat. entreprise
TECHNIQUE	**R & D** *l'innovation technique*	Réalisation Prototypes	Veille techno. Conception produits		Création produits	
TECHNIQUE	**TRAVAUX NEUFS** *les conditions de la production*	Exécution travaux	Cahier charges travaux	Planification travaux		
TECHNIQUE	**PRODUCTION** *la qualité et la productivité*	Fabrication produits Emballage	Normes qualité	Postes travail Planning Ordonnance		Formation qualité
TECHNIQUE	**ACHATS** *l'obsession des prix*		Étude prix Standards d'achat			
TECHNIQUE	**LOGISTIQUE** *la maîtrise des flux physiques*	Manutentions Transports	Études logistiques			
COMMERCIAL	**MARKETING** *l'écoute du marché*		Étude Marchés Anal. Ventes		Innovation Produits	Appui force de vente
COMMERCIAL	**COMMUNICATION** *la mise en valeur des produits*			Organisation événements	Publicité Actions communicat.	Rel. Publiques Accueil, std Com interne
COMMERCIAL	**VENTES** *l'efficacité du contact*	S.A.V. dépannages...	Recueil info. sur marché	Réseau distribution		Écoute client Traitement réclamations

Social	Entrepreneur			Conventionnel		
CONSEILLER	DÉVELOPPER	DIRIGER	NÉGOCIER	CONTRÔLER	GÉRER	TRAITER
	Prospective Politique Stratégie	Conduite des hommes Arbitrages	Partenariats Gros contrats	Application décisions		
				Suivi travaux sous-traités		
				Mesure temps Contrôle de la production		
			Ach. Mat. 1res Litiges avec fournisseurs		Gestion des approvisionts	Fichier fournisseurs Commandes
					Tenue des stocks	Préparat. livraisons
Marketing-mix						
					Plan publicité Budget Com.	
	Prospection, relances		Argumentat. Vente	Suivi livraisons et facturation	Tarifs Fichier Clients	Traitement des commandes

Tableau 8 : Croisement compétences/Fonctions de l'entreprise

FAMILLES ⇨		Réaliste	Investigatif		Artistique	Social
⇩ COMPÉTENCES ⇨		RÉALISER	ÉTUDIER	ORGANISER	CRÉER	COMMUNIQ.
GESTION	**FINANCES** *la rentabilité des capitaux*		**Analyses financières**			Communicat. financière
	TRÉSORERIE *la gestion des liquidités*					
	COMPTABILITÉ *la vérité des chiffres*		**Plan cptable Élabo. Bilan, Cpte Résultat**			
	CONTRÔLE GESTION *l'objectivité du regard*		**Études éco. Règles gestion Anal. activité**			Discution budgétaire
ADMINISTRATION	**JURIDIQUE** *la rigueur protectrice*		**Évol. Droit Et. juridiques et contentieux**			
	MOYENS GÉNÉRAUX *la sécurité et le confort*	**Entretien Réparations Courses**	Recherche documentaire			
	ORGANISATION *l'optimisation des moyens*		**Circuits, procédure, poste**	**Agencement des moyens**		
	INFORMATIQUE *la maîtrise des flux d'information*	**Exploitation Façonnage résultat**	**Sch. directeur Dévt. applic. Programmat.**	**Planification et optimisat. traitement**		**Formation utilisateurs**
	PERSONNEL *l'intelligence sociale*		Analyse compétences	Définition fonctions		**Recrutements Formation Rel. sociales**

Social	Entrepreneur			Conventionnel		
CONSEILLER	DEVELOPPER	DIRIGER	NEGOCIER	CONTRÔLER	GERER	TRAITER
Conseils financiers			**Nég. Banques Opérations s/marché**		**Actif/Passif (haut de bilan)**	
				Cpte banque Caisse	**Recettes/ dépenses**	
				Justif. cptes Ctle factures Suivi créances		**Écritures Facturation Palomonte**
Conseils DG s/mesures correctives				**Suivi activité Contrôle budgétaire**	**Prévisions d'activité et budgets**	**Calculs P.R. Tableaux de bord**
Conseils juridiques			Achats/locat. immeubles	**Applic. Droit**	**Patrimoine immobilier Assurances**	**Rédac. Actes Assemblées Contentieux**
			Achats matériels et fournitures	**Règles sécurité**	**Mobiliers, matériels et fournitures**	**Courrier Archives Secrétariat**
Conseils aux utilisateurs						Rédaction manuels de procédures
Support technique			Achats matériels et services	**Ctle sorties Sécurité des informations**	Budget informatique B.D., réseaux	
Entretiens individuels Médico-social			**Négociations salariales Régit conflits**	Congés et horaires	**Effectifs Masse salariale**	**Paye Administration du personnel**

Tableau 8 bis : Compétences de l'Entreprise par tâches

Fonctions	*Activités*	*Tâches essentielles*	Compétences générales
DIRECTION	***Prospective & Politique***	Vision de l'évolution externe	**DÉVELOPPER**
		Fixation orientations politiques	d°
		Choix stratégiques (objectifs, moyens)	d°
	Rel. extérieures	Représentation Entreprise	**COMMUNIQUER**
		Négociation partenariats, suivi gros clients	**NÉGOCIER**
	Management opérationnel	Commandement, conduite des hommes	**DIRIGER**
		Ecoute, motivation du personnel	**COMMUNIQUER**
		Structures, missions, répartition tâches	**ORGANISER**
		Choix des hommes, arbitrage conflits	DIRIGER
	Contrôle	Contrôle application décisions	CONTRÔLER
RECHERCHE & DÉVELOPPEMENT		Veille technologique	ÉTUDIER
		Création de produits	**CRÉER**
		Conception technique des produits	**ÉTUDIER**
		Réalisation de prototypes	RÉALISER
TRAVAUX NEUFS & ENTRETIEN		Cahiers des charges travaux	ÉTUDIER
		Planification des travaux	**ORGANISER**
		Exécution travaux	**RÉALISER**
		Suivi travaux sous-traités	**CONTRÔLER**
PRODUCTION	***Méthodes***	Gammes opératoires, postes de travail	**ORGANISER**
		Mesure des temps, suivi standards	**CONTRÔLER**
	Planning & Ordonnancement	Plan de production	**ORGANISER**
		Ordonnancement/Lancement	ORGANISER
		Contrôle de la production	CONTRÔLER
	Fabrication	Réalisation des produits, emballage…	**RÉALISER**
	Contrôle Dualité	Normes qualité. Formation. Contrôle.	ÉTUDIER
ACHATS		Études de Prix. Procédures et standards d'achat	ÉTUDIER
		Négociations fournisseurs	**NÉGOCIER** (Acheter)
		Gestion des approvisionnements	**GÉRER**
		Fichier fournisseurs. Passation commandes	TRAITER
LOGISTIQUE	***Magasins & expéditions***	Tenue des stocks (matières, produits)	**GÉRER**
		Préparation/livraison commandes	**TRAITER**
	Transports	Études logistiques (tournées, etc.)	ÉTUDIER
		Manutentions, Transports	**RÉALISER**

Fonctions	*Activités*	*Tâches essentielles*	Compétences générales
MARKETING		Études de marché, concurrence	**ÉTUDIER**
		Analyse des ventes par marchés	d°
		Innovation produits	**CRÉER**
		Supports vente (argumentaires…)	**COMMUNIQUER**
		Sensibilisation force de vente	d°
		Propositions marketing-mix	CONSEILLER
COMMUNICATION		Élaboration actions de communication	**CRÉER**
		Plans de publicité. Budgets	GÉRER
		Relations publiques	**COMMUNIQUER**
		Communication interne (journal, réunions)	d°
		Accueil, standard	d°
VENTES	***Force de vente***	Prospection, relances	**DÉVELOPPER**
		Recueil informations. Écoute du client	**COMMUNIQUER**
		Argumentation. Prise de commandes	**NÉGOCIER** (Vendre)
	Administration des ventes	Traitement des commandes	TRAITER
		Suivi livraison et facturation	d°
		Gestion Fichier Clients. Catalogue. Tarifs	GÉRER
	S.A.V.	Contrats de maintenance clients	NÉGOCIER (Vendre)
		Réponses aux réclamations clients	**COMMUNIQUER**
		Réparations et échanges/garantie	RÉALISER
FINANCES		Analyses financières	**ÉTUDIER**
		Gestion Actif/Passif (haut de Bilan)	**GÉRER**
		Négociations part. financiers. Opér. s/marchés	**NÉGOCIER**
		Conseils financiers. Communicat. financière	COMMUNIQUER
TRESORERIE		Prévisions recettes/dépenses	**GÉRER**
		Suivi comptes bancaires. Caisse	**CONTRÔLER**
COMPTABILITE	***Comptabilité générale***	Définition Plan et procédures comptables	ÉTUDIER
		Passation des écritures	**TRAITER**
		Justification des comptes	**CONTRÔLER**
		Élaboration Bilan et compte de Résultats	**ÉTUDIER**
	Clients	Émission des factures/avoirs	TRAITER
		Recouvrement des créances	CONTRÔLER
	Fournisseurs	Contrôle factures/bons livraison	CONTRÔLER
		Paiement factures. Imputation	TRAITER

Fonctions	*Activités*	*Tâches essentielles*	Compétences générales
CONTRÔLE DE GESTION	***Comptabilité analytique***	Définition des règles de gestion	**ÉTUDIER**
		Coûts de revient produits. Tableaux de bord	**TRAITER**
		Résultats par centres d'analyse	d°
	Gestion budgétaire	Préparation des budgets	**GÉRER**
		Contrôle des réalisations	**CONTRÔLER**
		Propositions mesures correctives	CONSEILLER
	Analyse de l'activité	Études économiques. Indicateurs d'activité	**ÉTUDIER**
		Exploitation résultats. Analyse écarts	d°
		Conseil de la Direction	**CONSEILLER**
JURIDIQUE	***Conseil juridique***	Suivi évolution du droit. Études juridiques	**ÉTUDIER**
		Rédaction des actes	**TRAITER**
		Protection des brevets, marques	GÉRER
		Contrôle de l'application du droit	**CONTRÔLER**
	Immobilier	Gestion du patrimoine immobilier	**GÉRER**
		Négociation et suivi des baux	NÉGOCIER
	Assurances	Souscription polices d'assurance	GÉRER
		Règlement des sinistres	TRAITER
	Vie juridique de l'entreprise	Préparation conseils et assemblées	d°
		Modifications statutaires. Formalités	d°
	Contentieux	Instruction dossiers contentieux	ÉTUDIER
		Recherches, poursuites éventuelles	TRAITER
MOYENS GÉNÉRAUX	***Immeubles***	Aménagements locaux, entretien, réparations	**RÉALISER**
		Gardiennage des locaux	d°
	Matériels	Gestion mobiliers, matériels de bureau…	**GÉRER**
		Entretien matériels/petites réparations	RÉALISER
	Services généraux	Courses, liaisons	RÉALISER
		Economat (fournitures, imprimés)	NÉGOCIER
		Traitement courrier. Archives	**TRAITER**
	Sécurité	Suivi réglementation, contrôle application	**CONTRÔLER**
		Maintenance du système de sécurité	RÉALISER
	Secrétariat	Traitement de texte, classement	**TRAITER**
		Documentation	ÉTUDIER
ORGANISATION		Études circuits. Définition postes, procédures	**ÉTUDIER**
		Agencement des moyens	**ORGANISER**
		Conseil/formation Bureautique	**COMMUNIQUER**

Fonctions	***Activités***	*Tâches essentielles*	**Compétences générales**
INFORMATIQUE	***Études***	Schéma directeur d'informatisation	**ÉTUDIER**
		Développement des applications	d°
		Programmation/Maintenance	d°
		Information/formation utilisateurs	**COMMUNIQUER**
	Exploitation	Planification des traitements	ORGANISER
		Préparation/réalisation des travaux	**RÉALISER**
		Façonnage/expédition des résultats	d°
		Contrôle des sorties	**CONTRÔLER**
	Systèmes	Évolution matériels, logiciels, réseaux	**ÉTUDIER**
		Optimisation de l'exploitation	**ORGANISER**
		Gestion BD, logiciels de base	GÉRER
		Sécurité des informations	**CONTRÔLER**
		Support technique utilisateurs	**CONSEILLER**
PERSONNEL	***Emplois***	Évolution métiers, gestion compétences	ÉTUDIER
		Recrutements, licenciements, promotions	**COMMUNIQUER**
		Entretiens individuels	**CONSEILLER**
		Budget des effectifs, bilan social	**GÉRER**
	Rémunérations	Gestion de la masse salariale	**GÉRER**
		Participation et intéressement	d°
		Calcul et versement de la paye	**TRAITER**
	Administration du personnel	Gestion administrative du Personnel	d°
		Gestion des congés et des horaires	d°
		Gestion des intérimaires	d°
	Relations sociales	Droit du travail, règlement intérieur	ÉTUDIER
		C.E., CHSCT, délégués, syndicats	COMMUNIQUER
		Relations Inspection du Travail, DOTE…	d°
		Négociations sociales, règlement conflits	**NÉGOCIER**
	Formation	Plan, budget et suivi de la formation	GÉRER
		Organisation des sessions	ORGANISER
		Animation des sessions	**COMMUNIQUER**
	Médico-social	Assistance médico-sociale	**CONSEILLER**
		Relations SS, Caisses retraite, mutuelles	TRAITER

3 Où se situe votre valeur ajoutée ?

- **Vous avez déterminé (cf. Tableau 5, chap. 5) quels étaient vos compétences-clés et votre potentiel.**
- **Rapprochez ces éléments du Tableau 8 pour faire apparaître les activités de l'Entreprise qui leur correspondent.**

L'exemple donné dans les 2 pages suivantes illustre la démarche :

⇨ Les 3 compétences-clés prises en compte **(COMMUNIQUER, DÉVELOPPER,** DIRIGER) mettent en relief les fonctions DIRECTION et VENTES.

⇨ Le potentiel (***CRÉER***) ouvre vers les domaines de la R&D, du MARKETING et de la COMMUNICATION.

⇨ La compétence ÉTUDIER est, elle, utilisable dans diverses activités. Elle vient renforcer notamment le MARKETING.

En définitive les fonctions qui se dégagent prioritairement concernent le **MANAGEMENT et le COMMERCIAL**...

À vous de « vous situer » dans l'Entreprise de la même façon !

- **Faites-le avec bon sens.** Nuancez les résultats obtenus, en fonction de vos connaissances. Même si vous savez ÉTUDIER, inutile de prétendre faire du Conseil juridique sans avoir jamais fait de Droit...
- **Examinez avec soin les activités proposées.** Précisez la « vision » que vous en avez : complétez la description qui en est faite dans le Tableau 8 bis, par les enseignements tirés de votre expérience. Modifiez-la si nécessaire, en fonction du secteur d'activité que vous privilégiez.
- **Complétez vos compétences à partir d'autres réalisations.** Vous n'avez travaillé au cours de votre Bilan que sur 10 Réalisations, qui ne peuvent, à elles seules, couvrir l'ensemble de votre carrière...

Leur choix était-il réellement pertinent au regard de votre expérience ? Les avez-vous bien analysées ? Quels événements y ajouteriez-vous pour faire apparaître d'autres compétences et étendre en conséquence votre champ d'activités ?...

✍ *Profitez-en pour enrichir votre « **banque de données » personnelle**. Vous irez y puiser pour constituer vos supports de communication (cf. Chapitre 10).*

- **Accordez la plus grande attention à votre potentiel.** Il y a parfois peu de choses à faire (complément de formation, apprentissage « sur le tas »...) pour qu'un véritable intérêt devienne une réelle compétence professionnelle.

Exemple d'utilisation du Tableau 8 pour vous situer dans l'entreprise

	FAMILLES ⇨	Réaliste	Investigatif		*Artistique*	Social
	⇩ COMPÉTENCES ⇨	RÉALISER	**ÉTUDIER**	ORGANISER	*CRÉER*	COMMUNIQ.
	DIRECTION *la conduite des hommes*			**Structures** **Répartition des tâches**		**Motivation** **Représentat. entreprise**
TECHNIQUE	**R & D** *l'innovation technique*	Réalisation Prototypes	**Veille techno. Conception produits**		**Création produits**	
TECHNIQUE	**TRAVAUX NEUFS** *les conditions de la production*	**Exécution travaux**	Cahier charges travaux	**Planification travaux**		
TECHNIQUE	**PRODUCTION** *la qualité et la productivité*	**Fabrication produits** **Emballage**	Normes qualité	**Postes travail Planning Ordonnance**		Formation qualité
TECHNIQUE	**ACHATS** *l'obsession des prix*		Étude prix Standards d'achat			
TECHNIQUE	**LOGISTIQUE** *la maîtrise des flux physiques*	**Manutentions Transports**	Études logistiques			
COMMERCIAL	**MARKETING** *l'écoute du marché*		**Étude Marchés** **Anal. Ventes**		**Innovation Produits**	**Appui force de vente**
COMMERCIAL	**COMMUNICATION** *la mise en valeur des produits*			Organisation événements	**Publicité** **Actions communicat.**	**Rel. Publiques** **Accueil, std** **Com. interne**
COMMERCIAL	**VENTES** *l'efficacité du contact*	S.A.V. dépannages...	Recueil info. sur marché	Réseau distribution		**Écoute client** **Traitement réclamations**

Social	Entrepreneur			Conventionnel		
CONSEILLER	DÉVELOPPER	DIRIGER	NÉGOCIER	CONTRÔLER	GÉRER	TRAITER
	Prospective Politique Stratégie	**Conduite des hommes Arbitrages**	**Partenariats Gros contrats**	Application décisions		
				Suivi travaux sous-traités		
				Mesure temps Contrôle de la production		
			Ach. Mat. 1res Litiges avec fournisseurs		**Gestion des approvisionts**	Fichier fournisseurs Commandes
					Tenue des stocks	**Préparat. livraisons**
Marketing-mix						
					Plan publicité Budget Com.	
	Prospection, relances		**Argumentat. Vente**	Suivi livraisons et facturation	Tarifs Fichier Clients	Traitement des commandes

Exemple d'utilisation du Tableau 8 pour vous situer dans l'entreprise

	FAMILLES ⇨ ⇩	Réaliste	Investigatif		*Artistique*	Social
	COMPÉTENCES ⇨	RÉALISER	**ÉTUDIER**	ORGANISER	***CRÉER***	**COMMUNIQ.**
GESTION	**FINANCES** *la rentabilité des capitaux*		**Analyses financières**			Communicat. financière
	TRÉSORERIE *la gestion des liquidités*					
	COMPTABILITÉ *la vérité des chiffres*		**Plan cptable Élabo. Bilan, Cpte Résultat**			
	CONTRÔLE GESTION *l'objectivité du regard*		**Études éco. Règles gestion Anal. activité**			Discution budgétaire
ADMINISTRATION	**JURIDIQUE** *la rigueur protectrice*		**Évol. Droit Et. juridiques et contentieux**			
	MOYENS GÉNÉRAUX *la sécurité et le confort*	**Entretien Réparations Courses**	Recherche documentaire			
	ORGANISATION *l'optimisation des moyens*		**Circuits, procédure, poste**	**Agencement des moyens**		
	INFORMATIQUE *la maîtrise des flux d'information*	**Exploitation Façonnage résultat**	**Sch. directeur Dévt. applic. Programmat.**	**Planification et optimisat. traitement**		**Formation utilisateurs**
	PERSONNEL *l'intelligence sociale*		Analyse compétences	Définition fonctions		**Recrutements Formation Rel. sociales**

Social	Entrepreneur			Conventionnel		
CONSEILLER	DÉVELOPPER	DIRIGER	NÉGOCIER	CONTRÔLER	GÉRER	TRAITER
Conseils financiers			**Nég. Banques** **Opérations s/marché**		**Actif/Passif (haut de bilan)**	
				Cpte banque **Caisse**	**Recettes/ dépenses**	
				Justif. cptes **Ctle factures** **Suivi créances**		**Écritures** **Facturation** **Paiements**
Conseils DG s/mesures correctives				**Suivi activité** **Contrôle budgétaire**	**Prévisions d'activité et budgets**	**Calculs P.R.** **Tableaux de bord**
Conseils juridiques			Achats/locat. immeubles	**Applic. Droit**	**Patrimoine immobilier** **Assurances**	**Rédac. actes** **Assemblées** **Contentieux**
			Achats matériels et fournitures	**Règles sécurité**	**Mobiliers, matériels et fournitures**	**Courrier** **Archives** **Secrétariat**
Conseils aux utilisateurs						Rédaction manuels de procédures
Support technique			Achats matériels et services	**Ctle sorties** **Sécurité des informations**	Budget informatique B.D., réseaux	
Entretiens individuels **Médico-social**			**Négociations salariales** **Réglt. conflits**	Congés et horaires	**Effectifs** **Masse salariale**	**Paye** **Administration du personnel**

4 Vos lignes de force professionnelles

Récapitulez les choix essentiels que vous avez effectués jusqu'ici :

Vos compétences (chap. 5)

• Vos Compétences-clés	• • • • •
• Votre Potentiel	• • •

Vos attentes dans le travail (chap. 6)

• Pourquoi travaillez-vous ?	• • •
• Votre relation au temps	• •
• Votre mode de collaboration	• •
• Manager ou Expert ?	•
• Style de management	• •

Votre domaine professionnel (chap. 7)

• Vos Connaissances professionnelles	• • • •
• Vos Champs d'actions possibles (secteurs d'activités professionnels)	• • • • •

Votre place dans l'Entreprise (chap. 8)

• Les Activités de l'Entreprise correspondant à vos compétences	• • •
• Les Activités de l'Entreprise correspondant à votre potentiel	• • •

Ces « lignes de force » vous indiquent la direction dans laquelle se situe votre cible professionnelle.

9 Votre cible professionnelle
Qu'avez-vous à proposer ?

Construisez votre cible en « poupées russes »…

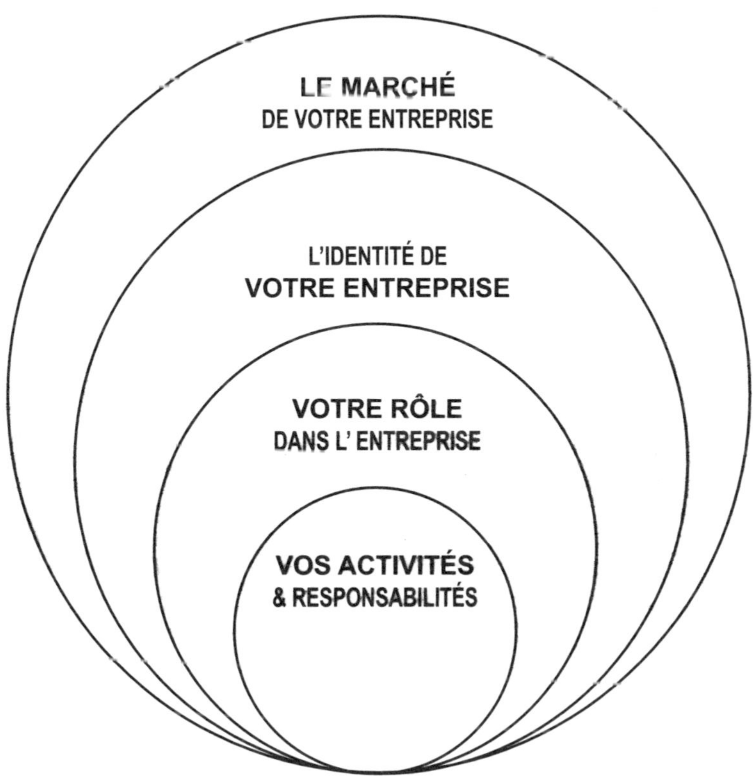

Profitez de ce moment de réflexion sur votre vie professionnelle. Projetez-vous dans l'avenir…

- **Sortez la tête du guidon. Voyez loin !**

Pas trop loin pour que l'avenir soit « visible », mais suffisamment pour vous abstraire du quotidien…

Par exemple, imaginez que vous êtes **dans 3 ou 5 ans…** Vous avez enfin trouvé **le « job idéal »** : celui qui répond à toutes vos attentes, où vous utilisez à plein votre potentiel, où enfin ! travail et plaisir se confondent…

Décrivez-le aussi précisément que possible, pour en faire un **véritable Projet.**

- **Revenez à la réalité d'aujourd'hui**

Le projet que vous avez décrit est-il dès à présent réalisable ?

Si oui, mobilisez toutes vos forces pour le mettre en œuvre !…

Si non, quel est le « sous-projet », lui rapidement opérationnel, qui peut **s'inscrire dans votre projet à 3/5 ans**, comme le *lien nécessaire entre votre expérience actuelle et votre ambition à moyen terme* ?

Détaillez-le de façon concrète. C'est sur ce **projet immédiat**, que vous bâtirez votre **offre de services**.

Pour élaborer chacun de ces 2 projets, la démarche est la même. Seul change le niveau de précision des informations réclamées.

1) **Définissez le cadre de « votre Entreprise » : secteur d'activité, produits, clientèles, taille… (§ 9.1 et 9.2)**

✍ « Votre Entreprise », c'est celle où vous souhaiteriez travailler. Ce peut être aussi, bien sûr, réellement « la vôtre », c'est-à-dire celle que vous comptez créer…

2) **Visualisez « votre Fonction » : place dans l'organigramme, responsabilités… (§ 9.3 à 9.5)**

✍ Vous ferez apparaître en quoi vos ***Compétences*** (identifiées lors de votre Bilan) sont *effectivement utilisées* dans vos *Activités* (prévues dans votre Projet)…

3) Validez votre Projet et préparez-en l'argumentation (§ 9.6 à 9.8)

✍ C'est là que les liens entre votre projet immédiat et votre projet à 3/5 ans doivent apparaître de façon pertinente !

Les différentes étapes sont présentées dans cet ordre…

Cependant, rien ne vous empêche, si cela vous convient mieux, de définir d'abord la Fonction que vous visez, avant de vous préoccuper de l'Entreprise où vous l'exercerez…

Feuilletez les pages qui suivent, attachez-vous à ce qui vous intéresse particulièrement, puis ordonnez le tout… La démarche est itérative et ce document n'est qu'un **cadre de réflexion**. N'en faites pas un carcan !

1 Le marché de votre entreprise

	Votre Projet à 3/5 ans	Votre Projet immédiat
SECTEUR(S) D'ACTIVITÉS		

Rappelez-vous les champs d'actions que vous avez sélectionnés au Chapitre 6…

PRODUITS & SERVICES Produits industriels ? Grande consommation ? Services ?		

Les Produits sont l'incarnation de l'Entreprise… Être fier des produits de « son » Entreprise nourrit la motivation, quelle que soit la fonction qu'on y occupe… Si vous avez besoin de « toucher les choses », ne vendez pas « du vent » !

CLIENTÈLES Administrations ? Entreprises ? Particuliers ?		

Choix essentiel. Avec quels types de clients êtes-vous le plus à l'aise ?

	Votre Projet à 3/5 ans	Votre Projet immédiat
LOCALISATION Région Parisienne ? Province ? Étranger ?		

Mieux vaut être premier dans son village que dernier à ROME…

ÉTENDUE DU MARCHÉ Local ? National ? International ?		

Si vous êtes polyglotte, ne vous privez pas de cet atout : visez l'International !

PHASE DE VIE Croissance ? Maturité ? En difficulté ?		

Même si elle débauche par ailleurs, ***une Entreprise en difficulté peut avoir besoin de vos compétences*** *pour se redresser. Si vous aimez relever les défis, pensez-y !…*

2 L'identité de votre entreprise

	Votre Projet à 3/5 ans	Votre Projet immédiat
NATIONALITÉ Française ? Anglo-saxonne ? Autre… ?		

Travailler pour une Entreprise étrangère : attention à la différence de culture !

STATUT Entreprise publique ? privée (capitaliste) ? coopérative ? associative ?...		

Ne négligez pas le secteur dit « de l'Économie Sociale » (ni public, ni capitaliste)... Les grosses Associations sont des entreprises à part entière qui ont besoin de **véritables professionnels** *pour promouvoir et gérer leur développement.*

	Votre Projet à 3/5 ans	Votre Projet immédiat
TAILLE Petite (< 50 salariés) ? Moyenne (50 à 500 salariés) ? Grande (> 500 salariés) ?		

Vous gagnerez peut-être moins d'argent dans une P.M.E. que dans un grand groupe, mais vous y exercerez probablement plus de responsabilités directes, et y serez plus près du patron !

STRUCTURE Personnalisée ? Centralisée ? Décentralisée ?		

À laquelle êtes-vous le mieux adapté ?

- *La structure* **personnalisée** *est la structure la plus simple, propre aux petites entreprises. Peu formalisée, elle présente l'avantage de la flexibilité. Ses limites sont celles de l'homme-orchestre qui l'anime...*
- *La structure* **centralisée**, *organisée par fonctions, nécessite formalisation et contrôle. Elle convient à une entreprise ayant des activités stables et peu différenciées. Poussée à l'extrême, elle favorise la bureaucratie...*
- *La structure* **décentralisée**, *répartie en divisions par marchés/produits, s'adapte constamment à l'évolution des marchés. Elle est de ce fait assez stressante, surtout si des tensions s'y ajoutent - entre « staff » d'une part, et « line » d'autre part...*

CULTURE Valeurs, type de milieu, gens style de management... ?		

Trop souvent, on n'y prête attention que lorsqu'on la rejette ! Si vous n'adhérez pas à la culture d'une Entreprise, vous vous y sentirez mal à l'aise... Prenez donc le temps d'y réfléchir avant.

3 Votre rôle dans l'entreprise

	Votre Projet à 3/5 ans	*Votre Projet immédiat*
DÉNOMINATION de votre fonction		

Votre « titre » doit permettre à n'importe quel interlocuteur de vous situer dans l'Entreprise... Soyez précis.

FINALITÉ Votre mission Enjeux et risques		

Votre mission, c'est la ***raison d'être*** *de la fonction (« si elle n'existait pas, qu'est-ce qui se passerait ? »). Les enjeux, c'est ce qui peut être* ***gagné*** *si vous travaillez bien ! Les risques, ce qui peut être* ***perdu*** *dans le cas contraire...*

OBJECTIFS Augmenter quoi ? Diminuer quoi ? À quel horizon ?		

Les objectifs définissent les buts à atteindre. De quelle façon préférez-vous que vos objectifs soient fixés : en « augmentation » (C.A., bénéfice, nombre de Clients, etc.) ou en « diminution » (charges, erreurs, accidents, etc.) ? À quel terme (cf. § 6.2, « Votre relation au temps ») ? Ces questions sont fondamentales.

LIENS DE DÉPENDANCE De qui dépendez-vous ? Hiérarchiquement ? Fonctionnellement ?		

Votre supérieur hiérarchique est celui qui est habilité à vous donner des **ordres** *(et à vous augmenter !) ; son autorité s'appuie sur son* ***statut****. Vous pouvez simultanément être soumis à la dépendance fonctionnelle d'une autre personne qui, elle, est habilitée à vous donner des* ***directives*** *dans son domaine de* ***compétence*** *(par exemple, Chef de Projet).*

RELATIONS EXTERNES Clients ? Fournisseurs ? Banques, administrations, organismes professionnels, autres sociétés du Groupe… ?		

4 Vos responsabilités et activités

	Votre Projet à 3/5 ans	*Votre Projet immédiat*
RESPONSABILITÉ HIÉRARCHIQUE Qui dépend de vous ? Nombre de collaborateurs directs ? Effectif total sous vos ordres ?		
AUTORITÉ FONCTIONNELLE Vis-à-vis de quels collaborateurs ?		

L'exemple-type est celui du Directeur Central des Ressources humaines qui a autorité fonctionnelle sur le Chef de Personnel d'une usine, lequel n'en dépend pas moins hiérarchiquement du Directeur d'usine.

RESPONSABILITÉ BUDGÉTAIRE Budgets que vous fixez (aux autres) Budgets que vous réalisez (qui vous sont alloués)		

Compte tenu de l'ensemble de ces responsabilités, réfléchissez à l'impact de ***vos décisions*** **: sur quelques personnes ? sur un Service ? sur l'ensemble de l'Entreprise ?** *(cf. les enjeux et risques de votre fonction).*

DESCRIPTION DE VOS ACTIVITÉS

a) Votre Projet à 3/5 ans (Tableau 9a, p. 126)

Imaginez que vous êtes depuis un an ou plus dans l'Entreprise que vous avez définie, y jouant (avec succès !) le rôle que vous avez décrit. À quoi y passez-vous votre temps ?!...

- Quelles sont vos **activités** essentielles et les responsabilités que vous y assumez ?
- En quoi les unes et les autres vous permettent-elles de mettre en œuvre vos **compétences** ?

⇨ ***S'il y a réelle adéquation entre activités et compétences, la boucle est bouclée !***

Pour vous faciliter la description de vos activités et les mettre en relation avec vos compétences :

- Utilisez les tableaux 8 et 8 bis (Chap. 8), avec lesquels vous avez déjà travaillé pour préciser vos compétences professionnelles.
- **Retenez les activités et/ou tâches de l'Entreprise qui entrent dans le cadre de votre future fonction.**

  – Assemblez-les pour former un ensemble cohérent.

– Modifiez-en éventuellement la rédaction pour la rendre plus professionnelle…
– Listez-les dans le **Tableau 9a**.

- Associez aux différentes tâches les compétences utilisées. À chaque fois, posez-vous la question :

  « Ma compétence est-elle *réelle* (**R**) dans cette tâche [*je l'ai déjà fait…*] ?...
  ou seulement *potentielle* (**P**) [*je me sens capable de…*] ? »

- **Concrétisez chaque tâche** en indiquant :

  – sa *périodicité* souhaitable (selon vous),
  – les *clients* et *fournisseurs* concernés (externes ou internes),
  – votre implication personnelle : *supervision* et/ou *réalisation par vous-même*,
  – la *part de temps* que vous estimez y consacrer.

> L'exercice est difficile…
> Essayez cependant d'être aussi précis que possible.
>
> La crédibilité de votre projet en dépend !

b) Votre Projet immédiat (Tableau 9b, p. 127)

Procédez de la même façon que pour votre Projet à 3/5 ans.

Mais là, vous n'avez aucune excuse pour ne pas aller jusqu'au bout. ... Ou alors, auriez-vous surestimé vos compétences ?!...

⇨ *Le Tableau 9c (p. 128) donne un exemple de description d'activités.*

Tableau 9a : Activités dans le cadre de votre Projet à 3/5 ans

VOTRE FONCTION :

Activités	Compétences	R	P	Pér.	Sup	Réal	% tps

Tableau 9b : Activités dans le cadre de votre Projet immédiat

VOTRE FONCTION :

Activités	Compétences	R	P	Pér.	Sup	Réal	% tps

Tableau 9c : Exemple de description d'activités

VOTRE FONCTION : Directeur Marketing/Communication

Activités	Compétences	R	P	Pér.	Sup	Réal	% tps
SYSTEME D'INFORMATIONS							**10 %**
Définition/adaptation du S.I.M. :		X			X		
– structure Banque de Données	**ÉTUDIER**	X		Occas	X	X	
– cahier des charges applications							
Gestion du fichier Clients	**DIRIGER**			Quot	X		
Gestion catalogue produits	**CONTRÔLER**	X		Trim	X		
Gestion des tarifs				Trim	X		
ÉTUDES							**20 %**
Études de marché, concurrence				Mens	X	X	
Étude de nouveaux produits	**ÉTUDIER**			Occas	X	X	
Analyse des ventes par marchés	**CRÉER**			Mens	X		
Analyse des réclamations clients			X	Mens	X	X	
DÉVELOPPEMENT							**20 %**
Plan Marketing :	**DÉVELOPPER**			An			
– Objectifs marchés/produits	**ÉTUDIER**	X			X	X	
– Campagnes promotion/vente	**CONSEILLER**	X			X	X	
– Supports vente (argumentaires...)	**COMMUNIQUER**	X			X		
– Sensibilisation force de vente	**GÉRER**	X			X		
– Budgets		X			X	X	
Suivi du marketing-mix	**CONTRÔLER**	X		Trim	X		
Suivi Qualité			X	Trim	X		
COMMUNICATION							**20 %**
Politique globale communication	**ÉTUDIER**	X		An		X	
Plans de publicité	**CONSEILLER**	X				X	
Négociations Agences	**NÉGOCIER**	X		Sem		X	
Gestion budget Communication	**GÉRER**	X		Mens		X	
Conduite actions communication	**DIRIGER**	X		Quot	X		
Relations publiques	**COMMUNIQUER**	X		Quot	X		
Accueil, standard			X	Quot	X		
Journal interne			X	Quot	X		
MANAGEMENT							**30 %**
Organisation :	**ORGANISER**			Occas			
– Définitions de fonctions			X			X	
– Agencement des moyens			X			X	
Animation de l'équipe :	**DIRIGER**			Quot			
– Motivation du personnel	**COMMUNIQUER**	X				X	
– Recrutements, promotions		X				X	
– Entretiens d'appréciation			X			X	
– Formation permanente		X			X	X	
Gestion budgétaire :	**GÉRER**			Mens			
–Effectifs, masse salariale			X			X	
– Moyens généraux			X		X	X	

5 Vos conditions de travail

Les conditions de travail sont toujours à envisager *en dernier* lieu, car elles sont négociables : elles ne doivent donc pas vous brider dans l'élaboration de votre projet, ni « fermer » dès le départ un entretien avec un employeur éventuel...

	Votre Projet à 3/5 ans	Votre Projet immédiat
VOTRE STATUT Salarié CDI ? CDD ? Autre... ?		

Travailleur indépendant, prestataire... pourquoi pas ? Attention ! La difficulté n'est pas de signer un contrat, mais à son échéance, de le renouveler ou d'en trouver un autre... Avant de vous lancer dans l'aventure, assurez-vous que votre réseau de relations n'est pas qu'affectif ou mondain...

TEMPS DE TRAVAIL Temps complet ? partiel ? partagé ?		

Le temps partiel peut s'appliquer à tous les postes ou presque !... Le temps partagé (travail simultané à temps partiel chez deux employeurs ou plus) : une formule d'avenir ?

DÉPLACEMENTS Courts (1 jour) ? Moyens (2 à 5 jours) ? Séjours > 1 semaine ?		

Avant de vous dire « mobile », tournez 7 fois la langue dans votre bouche... et informez-vous sur la fréquence et la durée des déplacements...

RÉMUNÉRATION (en K€/an) Fourchette souhaitée ? Parts (%) fixe/variable ?		

Règle sacro-sainte : dans une négociation d'embauche, le premier qui parle « salaire » a perdu ! Ayez conscience de votre valeur **réelle** *sur le marché, mais n'avancez pas de chiffres imprudemment... (cf. § 10.4)*

6 Vos choix essentiels

Hiérarchisez les éléments que vous avez définis en donnant un poids relatif à chaque critère selon l'importance que vous lui accordez.

LE MARCHÉ DE VOTRE ENTREPRISE (§ 9.1)

		Poids (*)	
		3/5 ans	Imméd.
Secteur d'activité			
Produits			
Clients			
Localisation			
Étendue du marché			
Phase de vie			

(*) Poids ■ ■ ■ critère **essentiel** (vous n'y dérogerez pas !)
■ ■ critère *important* (vous y tenez, mais accepteriez de négocier...)
■ critère accessoire (vous n'en feriez pas un drame s'il n'était pas satisfait)

L'IDENTITÉ DE VOTRE ENTREPRISE (§ 9.2)

		Poids	
		3/5 ans	Imméd.
Nationalité			
Statut			
Taille			
Structure			
Étendue du marché			
Culture			

VOTRE RÔLE DANS L'ENTREPRISE (§ 9.3)

Nationalité			
Dénomination			
Finalité			
Objectifs			
Dépendance			
Relations externes			

VOS RESPONSABILITÉS ET ACTIVITÉS (§ 9.4)

		Poids	
		3/5 ans	Imméd.
Resp. hiérarchique			
Resp. fonctionnelle			
Resp. budgétaire			
Activités principales			

VOS CONDITIONS DE TRAVAIL (§ 9.5)

Votre statut			
Temps de travail			
Déplacements			
Rémunération			

7 Votre projet opérationnel

Gardez la cible qu'est votre **Projet à 3/5 ans** dans votre « ligne de mire » : c'est votre **but à atteindre**.

Vous ne pouvez sans doute y arriver que par étapes.

Pour les définir, vous pouvez « jouer » sur les différents critères que vous avez choisis pour décrire votre cible, en commençant par ceux auxquels vous accordez le moins d'importance. Vous définissez ainsi, par itérations, des cibles de plus en plus proches…

Ces projets successifs sont comme les marches d'un escalier qui vous conduirait de votre situation actuelle à l'avenir souhaité… **La première marche, c'est votre « projet immédiat ».**

Pour en faire un Projet « opérationnel », vous devez répondre positivement à trois questions-clés :

1) Votre projet est-il suffisamment motivant ?

Si votre projet n'est pas en accord avec vos **motivations**, ne respecte pas vos **valeurs** (ce que vous pensez beau ou bien), s'il ne vous offre pas l'occasion de satisfaire pour une bonne part vos **intérêts** (ce qui vous donne du plaisir…) – inutile d'aller plus loin !

*Vous ne serez convaincant que si vous « **portez** » votre projet. Vous le ferez, alors, vivre en en parlant.*

2) Votre projet est-il réaliste ?

Êtes-vous sûr de posséder les **connaissances** et les **compétences** pour le mener à bien ? ...

Situez votre projet dans votre évolution professionnelle :

- Est-il en **continuité** par rapport à ce que vous avez déjà fait ?

⇨ Mêmes métier, fonction, domaine.

*Vos compétences ne sont plus à prouver : vos **réalisations** les attestent.*

- Est-il en **ouverture** ? ⇨ Élargissement ou transfert de vos compétences dans un autre secteur.

*Il y a nécessité de développer votre savoir-faire et de **l'adapter** à un nouveau milieu.*

- Est-il en **rupture** ? ⇨ Changement d'orientation professionnelle.

*Votre projet ne peut être mis en œuvre sans une **période de transition**, pendant laquelle il vous faudra sans doute mener de front une* *activité « alimentaire » (en continuité, celle-là…) et l'apprentissage de votre futur métier.*

3) Votre projet est-il réalisable ?

C'est-à-dire : répond-il à un besoin du **Marché** ? La meilleure façon de le savoir, c'est encore « d'y aller voir » !…

Pour ce faire, vous devez préparez votre argumentaire : la Fiche-Projet.

8 Votre argumentaire : la Fiche-Projet

Vous avez constitué au cours de votre Bilan et de l'élaboration de votre Projet, **votre base de données personnelle**.

- votre *parcours* professionnel (avec ses *événements marquants*),
- vos *réalisations* (avec les *données chiffrées* qui les caractérisent),
- vos *motivations* et *intérêts fondamentaux* (« points d'ancrage »),
- vos *qualités*,
- vos *connaissances* et vos *compétences* professionnelles,
- vos *objectifs* à moyen terme, et votre *cible* à court terme…

C'est dans cette base de données que vous allez puiser pour développer votre argumentation.

Il faut en effet que vous sachiez **parler de votre projet à n'importe qui…** Bien entendu, vous n'emploierez pas le même ton, ni le même langage dans tous les cas, mais – pour une *cible donnée* – le sens de votre **message ne doit pas varier**, que votre interlocuteur soit directement intéressé (employeur potentiel), ou qu'il soit susceptible de vous indiquer quelqu'un qui pourrait l'être…

Ce message, c'est votre **offre de service**, que nous vous conseillons de rédiger (dactylographier) sous la forme d'une **« Fiche projet »** (1 à 2 pages maxi), exprimant en termes *simples*, *concis* mais *précis* :

- **Ce que vous offrez** : le *besoin* auquel vous répondez, la *mission* que vous proposez…

- **Sur quoi s'appuie votre offre** : votre expérience, vos *compétences*, vos qualités, vos *motivations*...
- **Ce qui vous distingue des autres** : vos « atouts spécifiques », c'est-à-dire ce qui fait votre *originalité*...

⇨ *Votre message doit être fortement personnalisé : choisissez les arguments et les mots qui conviennent le mieux à* ***votre personnalité et à votre façon de parler****...*

[Cf. les 3 exemples – diversifiés – donnés en ***Annexe****.]*

Attention !

✍ ***Votre Fiche-Projet n'est pas un document à diffuser tel quel (ce n'est pas un CV).***

C'est un support *à votre propre usage* :

- pour préparer vos **entretiens**, afin d'avoir toujours en mémoire les points-clés de votre argumentation que vous développerez oralement ;
- pour écrire vos **lettres de motivation** ou de candidature spontanée, qui ne sont rien d'autre que des extraits (choisis) de la Fiche-Projet, sous une *forme littéraire*.

✍ ***Votre argumentation est à adapter à la cible que vous visez.***

Si vous avez plusieurs cibles, vous ne développerez pas forcément les mêmes arguments pour les toucher : préparez donc *autant de fiches que de types de cibles*...

10 Vos moyens d'action
Soyez volontariste dans votre approche

- **Tenez-vous informé en permanence :**

  – informations *économiques* : presse quotidienne, périodiques, journaux spécialisés par secteurs, sites internet…
  – informations sur les Entreprises et *leurs dirigeants* : bottins, annuaires, serveurs Minitel, sites internet…
  – informations sur les métiers et les tendances du *marché du travail* : annonces, APEC, ANPE, Cité des Métiers, CIDJ…

- **Cernez « votre » marché**

  ⇨ ***Segmentez-le*** *en fonction des critères de votre (vos) cible(s) : localisation, secteur d'activité, produits et clients, taille de l'entreprise, nationalité…*

  ⇨ ***Qualifiez-le*** *:*

  – établissez la liste des entreprises (avec les personnes à contacter),
  – recueillez le maximum d'informations sur chacune d'elles (CA, effectifs, produits-leaders…),
  – évaluez leurs besoins dans la fonction que vous visez (nombre de postes, problèmes…),
  – classez ces entreprises en fonction de leur adéquation avec votre cible.

- **Identifiez vos concurrents :**

  – informez-vous sur les *pratiques de ces entreprises* (promotions internes, mobilité fonctionnelle…),

- essayez de savoir quelles sont les *formations* appréciées, les « réseaux » privilégiés (grandes écoles…),
- évaluez le nombre de vos *concurrents* (*internes*, externes), appréciez leurs atouts respectifs…

• **Maîtrisez vos contacts :**

- soyez un **offreur de services** (cf. la Fiche-Projet),
- soignez votre **communication** (messages *personnalisés*),
- établissez un **planning** réaliste mais rigoureux (fixez-vous une *date de fin*).

1 Faites jouer votre réseau

80 % des postes sont pourvus sans que personne ne le sache (à part les intéressés !). C'est dire qu'il ne faut pas trop attendre des petites annonces… C'est à *vous de prendre l'initiative* d'attaquer le Marché.

• **Vous avez un Réseau !**

Le moyen d'approche le plus efficace, c'est *votre Réseau*. Même si vous prétendez « ne connaître personne », vous avez des relations…

Parents
Amis
Voisins
Commerçants
Agent d'assurance
Banquier
Médecin, dentiste…

Camarades d'école
Anciens professeurs
Anciens collègues
Anciens employeurs
Anciens concurrents
Anciens clients
Anciens fournisseurs…

Relations de club, d'association, de paroisse
Relations « mondaines »
Relations syndicales
Notables : député, maire…

• **Hiérarchisez les contacts à établir**

Ce Réseau (réel ou potentiel) peut être symbolisé par 3 *cercles* concentriques, correspondant à 3 *niveaux de contacts*. Situez dans ces cercles les différentes personnes qui le composent.

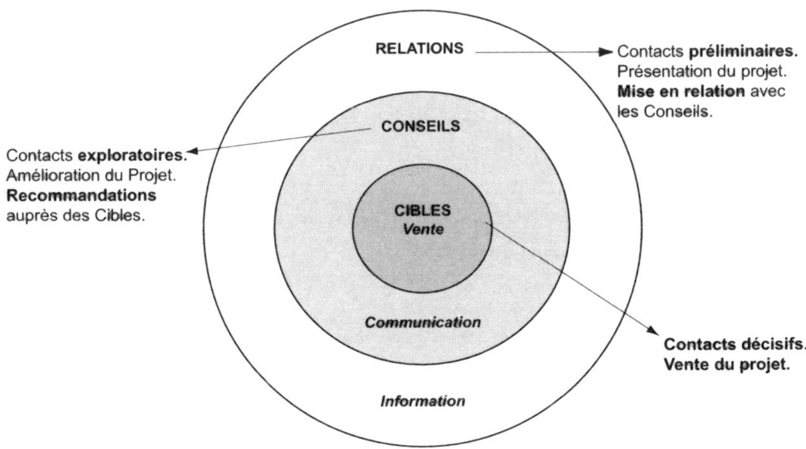

⇨ ***Ne vous trompez pas de cible !..*** *N'essayez pas de « vous vendre à tout prix » à une personne qui n'accepte de vous recevoir qu'à titre de « conseil »...*

⇨ ***Enrichissez votre réseau de celui des autres.*** *Demandez à chaque personne rencontrée, de vous indiquer 2 personnes que vous pourrez contacter de sa part... Votre réseau s'élargira très vite !*

⇨ ***Ne « grillez » pas vos contacts !*** *Contactez en dernier les cibles qui vous intéressent le plus : vous aurez eu ainsi, la possibilité de rôder votre argumentaire lors d'entretiens moins importants...*

2 Rencontres, téléphone, lettres, e-mails : tous les moyens sont bons...

- **Voyez du monde, profitez de toutes les rencontres**

– Rencontres de la vie courante (« conversations de paliers », « dîners en ville », réunions de famille...). Profitez de toutes les occasions pour parler (simplement) de votre projet : on ne sait jamais...

- Salons professionnels. Faites le tour des stands : laissez-y votre CV ou votre carte professionnelle…
- Agences d'intérim Cadres. Allez vous-y inscrire. Ne soyez pas trop regardant sur les missions proposées : c'est souvent un excellent marchepied pour un « vrai job »…
- Groupes de recherche d'emploi. Qu'il s'agisse d'associations « ad hoc », ou de groupes constitués sous l'égide de l'ANPE, les rencontres y sont chaleureuses et enrichissantes sur le plan humain…

Ces rencontres inopinées ou provoquées concernent essentiellement les deux premiers cercles de votre Réseau…

Plus directement, vous pouvez faire du **porte-à-porte** auprès des entreprises. Faites-en l'expérience, vous serez surpris par les résultats : que risquez-vous ?!...

- **Usez et abusez du téléphone**

Le téléphone vous permet de « sortir du lot », de n'être pas seulement « un dossier parmi d'autres », soumis au bon vouloir du lecteur éventuel… Vous manifestez *physiquement* votre présence, et percevez celle de votre interlocuteur, auquel vous pouvez adapter votre argumentation.

C'est le moyen le plus naturel pour initier les contacts du 1er cercle, qui sont relativement faciles à établir : parfois d'ailleurs la conversation téléphonique suffira pour obtenir le renseignement ou le nom souhaité.

C'est encore le moyen le plus simple pour entrer en contact avec un « conseil » (une lettre risque même de le faire douter de l'objet réel de votre démarche : ne seriez-vous pas un « candidat masqué » ?).

C'est enfin le moyen **le plus efficace pour obtenir un rendez-vous** lors d'une candidature spontanée, soit **directement**, soit après l'envoi d'une lettre ou d'un e-mail…

Le plus difficile est alors de franchir le rempart de l'assistante, pour joindre directement le dirigeant décideur. Rusez : appelez en dehors des horaires « normaux » de travail – avant 9 heures ou après 18 heures...

Le temps vous est compté. Donc, avant de téléphoner, préparez soigneusement ce que vous allez dire :

- *Présentation* : se nommer, se recommander de..., expliquer votre appel...
- *Argumentation* : n'en dites pas trop. ⇨ L'entretien risquerait de ne plus avoir de raison d'être...
- *Questions à poser* : ne serait-ce que pour vérifier que votre interlocuteur vous écoute...
- *Conclusion* : envisagez divers scénarios. ⇨ Dans tous les cas, il faut retirer quelque chose de ce contact : à défaut du RV souhaité, des informations, le nom d'une personne à contacter, etc.

• **Personnalisez vos lettres**

Qu'il s'agisse d'une lettre de **candidature spontanée**, adressée directement à un employeur, ou d'une lettre de **motivation** (accompagnée d'un CV), respectez les mêmes principes :

⇨ Votre objectif est **d'obtenir un rendez-vous**... Ni plus, ni moins. Donnez envie de vous voir !

⇨ Sauf annonce « anonyme », la lettre doit toujours être adressée à une personne nommément désignée, pas à une Entreprise, à un Service, ni à une Fonction.

⇨ **Son style et le choix des arguments doivent être adaptés à cette personne.** On ne s'adresse pas de la même façon à un P.-D.G., à un D.R.H., au Directeur du Marketing ou de l'Informatique.

⇨ Elle doit refléter ***votre* personnalité** et ***votre* motivation** : employez les mots qui vous conviennent. Ne recopiez pas un modèle... Ne la faites pas écrire par vos amis – aussi brillants soient-ils (ce qui ne vous interdit pas de leur faire corriger les fautes d'orthographe ou de syntaxe !...).

⇨ C'est un ***message*** : pour être efficace, il doit être ***court*** (*1 page maximum*), **positif** (attention aux négations…) et **concret** (faits, chiffres, exemples…).

⇨ **Sa structure doit être simple et logique**, calquée sur celle d'un argumentaire classique. Cf. la bonne vieille méthode « A.I.D.A. » :

« **A** » pour « *Attirez l'**A**ttention* ». Soyez percutant dans votre **amorce**. Évitez les phrases toutes faites. Si vous parlez de l'Entreprise, faites-le intelligemment, pour montrer que vous vous y intéressez, non pour faire la leçon à votre interlocuteur… [*1 paragraphe d'environ 3 lignes*]

« **I** » pour « *Éveillez l'**I**ntérêt* ». Faites brièvement état de votre expérience et de vos compétences (en faisant éventuellement référence au CV joint). Mettez en évidence vos **atouts spécifiques**, « ce qui vous distingue des autres ». (cf. votre Fiche-Projet) [*1 paragraphe d'environ 5 lignes*]

« **D** » pour « *Faites la **D**émonstration* ». Développez votre **argumentation**, en précisant vos compétences (appuyées sur des exemples de réalisations) et en les mettant en relation avec le poste convoité ou la mission que vous proposez. [*1 paragraphe d'environ 10 lignes*]

« **A** » pour « *Poussez à l'**A**ction* ». Invitez votre interlocuteur à un entretien (candidature spontanée). Indiquez-lui dans quel délai vous le rappellerez pour convenir d'un **rendez-vous**. Ajoutez-y la traditionnelle formule de politesse… [*1 paragraphe d'environ 3 lignes*]

Attention !

✍ **Toute lettre nécessite une relance.**

N'attendez pas qu'on vous rappelle. **Téléphonez systématiquement** 8 à 15 jours après l'envoi d'une lettre, si vous n'avez pas eu de réponse dans l'intervalle… Relancez, relancez… jusqu'à ce que vous obteniez un rendez-vous !

✍ **Préférez le qualitatif au quantitatif !**

Vous n'êtes pas un produit de grande consommation. Donc, n'inondez pas le marché de candidatures spontanées. Ciblez précisément les Entreprises qui vous intéressent et procédez par *vagues successives* : 10 entreprises, avec lesquelles vous « poussez » les contacts aussi loin que possible – puis 10 autres, etc.

3 Le CV : votre carte d'identité

- **Une arme à double tranchant**

Le CV est indispensable comme l'est une *carte d'identité* : d'un coup d'œil, il permet de savoir qui vous êtes et de vous situer professionnellement. C'est de plus un support commode, souvent apprécié par l'interlocuteur comme fil conducteur lors de l'entretien, sur lequel il peut inscrire ses annotations…

… Mais c'est aussi un « boomerang », qui risque de se retourner contre vous si vous n'y prenez garde… Pour un recruteur submergé par les candidatures, le CV est l'arme privilégiée pour faire le tri : *plus vous lui donnez d'informations, plus vous aurez de chances d'être éliminé !* [À la limite, pourquoi vous recevoir, puisque vous avez déjà tout dit ?!…]

- **Mettez-y l'essentiel pour donner envie d'en savoir plus…**

Imposez-vous de faire tenir votre CV en **1 page**. Cela vous forcera à ne retenir que l'essentiel, et c'est tellement plus reposant pour le lecteur de ne pas avoir à tourner la page !

Soyez **sobre et classique** dans la présentation. Laissez « sa place » à l'interlocuteur : aérez le texte, laissez une marge à gauche.

- **Adoptez le principe de ne faire qu'un seul et unique CV**

Faites un CV « passe-partout ». De toute façon, le CV ne va *jamais seul* : soit il est accompagné d'une *lettre* de motivation (elle, personnalisée au maximum), soit il est présenté et commenté au cours d'un *entretien...*

[*À ce propos, refusez poliment l'offre d'un ami de diffuser votre CV à ses relations. Demandez-lui si vous ne pouvez pas les contacter vous-même de sa part...* ***Restez maître de vos contacts !***]

- Structurez votre CV en 5 rubriques

Identité	Prénom + nom (pas l'inverse !) ; adresse, téléphone(s), fax.
Titre	Votre **métier** et/ou votre « offre de service ».
Expérience	***3 options de présentation :*** *Chronologique (montre la progression)* **Chronologique inversée** *(met l'accent sur les dernières fonctions occupées)* *Fonctionnelle (fait la synthèse de l'expérience)* – Utilisez un vocabulaire d'action. Citez des **faits** et des **chiffres**. – Mettez-vous en valeur, plus que vos employeurs (c'est vous que vous vendez !) – Ne laissez pas apparaître de « trous » dans votre carrière.
Formation et Langues	N'indiquez que **le plus haut diplôme** obtenu dans la même discipline. Ne trichez pas sur votre niveau réel en langues.
Informations personnelles	• *État civil, situation de famille :* à vous de juger ce qui vous paraît indispensable... • *Activités extra-professionnelles :* n'ont d'intérêt que si elles viennent à l'appui de vos compétences professionnelles (responsabilités associatives, etc.).

4 L'entretien : moment décisif

L'entretien de recrutement est un **échange entre deux professionnels**, vous-même et un employeur éventuel. Vous avez *chacun vos propres objectifs*, mais vous avez *tous deux* intérêt à ce qu'ils convergent...

	VOUS	VOTRE INTERLOCUTEUR
État d'esprit	Vous n'êtes peut-être pas « le meilleur »… Mais vous êtes « ***la meilleure solution*** » !	Il cherche à résoudre un problème. Si vous êtes là, c'est que vous l'intéressez…
Finalité	**Vous faire embaucher**	**Pourvoir un poste**
Objectifs de l'entretien	• Mieux connaître l'Entreprise • Vérifier que la fonction vous convient • Vous « vendre » aux meilleures conditions	• Vous convaincre de l'intérêt du poste • Évaluer votre adéquation au profil recherché • Négocier au plus bas prix votre salaire

⇨ **7 conseils de bon sens :**

1) Préparez l'entretien

- **Informez-vous sur l'Entreprise** (chiffres-clés, part de marché, forces/faiblesses…). Réfléchissez sur le but qu'elle poursuit, *le problème* auquel elle est confrontée…
- **Listez les questions à poser** lors de l'entretien. Elles montreront *votre intérêt pour le poste* : axes de développement, organisation de l'Entreprise… ; objectifs du Poste (*qu'attendez-vous de moi ?*)…
- **Préparez vos réponses** aux questions qui sont susceptibles de vous être posées (cf. 4). Relisez la *synthèse de votre Bilan* et votre *Fiche-Projet*. Entraînez-vous : simulez l'entretien avec une personne de votre connaissance.

2) Soyez discret

- **Respectez les règles de la politesse**. Soignez votre *présentation* extérieure, restez classique dans votre habillement… Soyez *ponctuel* au rendez-vous. Soyez courtois avec les hôtesses d'accueil…
- **N'encombrez pas l'espace**. N'étalez pas vos documents sur le bureau de votre interlocuteur !... *Abstenez-vous de fumer*. Bannissez l'alcool avant l'entretien.

- **Laissez à l'autre son « temps de parole »**. Le partage idéal du temps de l'entretien est : *50% pour vous* et 50% pour votre interlocuteur.

3) **Écoutez**

- **Soyez ouvert dans votre attitude.** Ne croisez pas les bras, ni les jambes… Faites face. Regardez votre interlocuteur *dans les yeux* – ou au niveau des sourcils, si vous êtes gêné… *Souriez.*
- **Ne relâchez pas votre attention.** Méfiez-vous du : « *Où en étions-nous ?* » – qui vient après une interruption… Ne rompez pas les silences, aussi pénibles soient-ils ! Décontractez-vous en attendant la question suivante…

4) **Répondez clairement aux questions**

- **Soyez concis**. Sachez vous présenter en *3 minutes*, pour laisser rapidement la place au dialogue. N'entrez dans les détails *qu'à la demande* de votre interlocuteur.
- **Soyez positif**. Évitez les négations ou les termes à connotations négatives (*problème, échec, je crains…*). Insistez sur vos réussites. Ne vous laissez pas aller à critiquer des *personnes*.
- **Soyez concret.** Citez des faits, des dates, donnez des exemples chiffrés. Montrez la logique de *votre évolution* professionnelle. Parlez de *vos réalisations* pour illustrer vos compétences.
- **Ne vous étendez pas sur votre personne.** Vos *qualités* ? Citez les 3 qui conviennent le mieux au poste. Vos *défauts* ? Parlez plutôt (avec nuance…) de vos « *limites supérieures* » (cf. § 4.4.).

5) **Rassurez votre interlocuteur**

- **Le recruteur externe.** Il doit sélectionner le candidat l*e plus conforme* au poste. Inutile d'insister sur vos projets à long terme. Rassurez-le sur *vos acquis* : vous êtes un « professionnel », immédiatement opérationnel.
- **Le D.R.H**. Il ne vous embauche pas seulement pour un poste, mais doit aussi envisager votre évolution au sein de l'Entreprise… Ne lui parlez pas trop technique. Mettez en valeur *votre personnalité.*

- **Votre futur Patron direct.** *Parlez-lui « boulot »*. Convainquez-le de votre valeur technique – et de votre capacité à vous investir même dans les tâches les plus ingrates…
- **Le P.-D.G.** Soyez tout ouïe : l'Entreprise, c'est Lui ! *Parlez « management »* : résultats, rentabilité, budgets, productivité… Mais soyez bref, son temps est précieux…

6) **Ne vous braquez pas sur le salaire**

- **Plus tard vous parlez salaire, mieux ça vaut**. Si possible, laissez à l'autre le soin d'aborder la question. Insistez pour *parler d'abord du poste…* Tentez de savoir – par un biais ou un autre – *le budget prévu*.
- **Élargissez le champ de la négociation.** Indiquez une fourchette de rémunération annuelle. Négociez un « *package rémunération* » (salaire + avantages). Soyez ouvert à toute formule (CDD, temps partiel…).
- **Justifiez ce que vous coûtez**. Soyez conscient de l'importance de *l'investissement* que vous représentez pour l'Entreprise. Dites ce que vous êtes susceptible de rapporter en *retour* : augmentation de gains, diminution de coûts…

7) **Suivez le contact**

- **Ne partez pas sans au revoir…** À la fin de l'entretien, résumez-en rapidement les conclusions. Convenez de la date du *prochain contact*. Gardez l'initiative (*quand puis-je vous rappeler ?...*)
- **Gérez le contact.** Dès le lendemain sinon le jour même, *remerciez* votre interlocuteur par e-mail ou courrier. N'hésitez pas à *relancer*, 8 à 10 jours après, si vous n'avez pas eu les nouvelles promises…

Annexe :
Exemples de fiches-projets

FICHE-PROJET

(Homme, 47 ans)

AVOCAT
20 ans de Banque

MON OFFRE
PRENDRE EN CHARGE LES AFFAIRES INEXTRICABLES !

MES COMPÉTENCES

JURISTE : Avocat, Direction juridique et contentieux, Secrétaire général
AUDITEUR : Missions spécifiques (carte privative, crédit-bail…)
ORGANISATEUR : Services d'exploitation bancaire, prêts immobiliers, contentieux…
NÉGOCIATEUR : Restructuration de sociétés, recouvrement de créances, cession de baux…

MES QUALITÉS

AUTONOMIE : s'organiser en fonction du but à atteindre
OUVERTURE D'ESPRIT : aborder des domaines très divers sans a priori
TÉNACITÉ : toujours se diriger vers l'objectif à atteindre
INDÉPENDANCE : agir en « conseil extérieur », dans le seul intérêt de l'entreprise
RECUL : affronter les situations difficiles avec distanciation
ADAPTABILITÉ : se mettre au niveau des interlocuteurs et les respecter

MES RÉALISATIONS LES PLUS SIGNIFICATIVES

« LA BANQUE » : Création d'une banque (Capital 100 M€). Mission de 2 années
- Déterminer et mettre en place les services d'exploitation d'un nouvel établissement bancaire,
- Choix et négociation avec les partenaires extérieurs
- Définition des méthodes et procédures d'exploitation. Plan de formation
- Rédaction et conclusion des contrats nécessaires à l'exploitation

« LA CARTE PRIVATIVE » : Récupération de pertes (X.. K€)
- Déterminer les responsabilités contractuelles des diverses parties dans l'accumulation des pertes
- Analyse des contrats tripartites (financier, exploitation, réseau de vente)
- Audit chez le partenaire d'exploitation du système de fonctionnement de la carte
- Évaluation des raisons et des méthodes générant les pertes
- Mise en place d'outils de suivi des clients et prescripteurs douteux
- Mise en place d'une méthode statistique d'évaluation des pertes
- Négociation de répartition des pertes entre les cocontractants

« LE GROUPE DE SOCIÉTÉS » : Réduire les dettes du groupe et maintenir les garanties
- Analyse contractuelle des engagements et garanties du groupe
- Négociation avec les contractants
- Participation à la restructuration du groupe
- Secrétariat général des diverses sociétés

FICHE-PROJET

(Femme, 27 ans)

INGÉNIEUR AGRO-ALIMENTAIRE
D.E.S.S. GESTION-MARKETING

MON PROJET

DEVENIR CHEF DE PRODUITS DANS L'AGRO-ALIMENTAIRE, POUR :

Prendre en charge un produit de sa conception à sa mise en marché réussie

Assurer le rôle d'interface entre les besoins du marché et les impératifs des différents services de l'entreprise (production, commercial, R&D)

MON EXPÉRIENCE

4 ans Assistante-Chef de projets puis Chef de projets, dans le domaine de l'emballage alimentaire.

MES MISSIONS

Assurer le développement technique et commercial de nouveaux produits de conditionnement de plats cuisinés :

– analyse des **besoins**
– **mise au point** technique
– création d'**argumentaires**
– **formation** et soutien à la force de vente
– **implantation** et suivi en clientèle

MES ATOUTS SPÉCIFIQUES

Sensibilité technique

– je cherche à comprendre et à résoudre les problèmes techniques
– je tiens compte des **impératifs d'une unité de production**
– je sais faire appel aux compétences d'autrui
– j'aime les **résultats concrets**
– je concentre mes moyens pour atteindre le meilleur niveau de qualité possible

Sens du service-client

– j'analyse les besoins des clients
– je concentre toute mon énergie pour **satisfaire ces besoins**
– je fais appel à mon **imagination** pour trouver de nouvelles idées
– je contacte les personnes susceptibles de faire avancer mes projets

FICHE-PROJET

(Homme, 40 ans)

ARGUMENTAIRE D'ENTRETIEN AVEC LE DIRECTEUR DE DIVISION PROCHE-ORIENT-MAGHREB DU GROUPE « AUTOMOBILES S.A. »

1. MA PERCEPTION DU GROUPE AUTOMOBILES S.A.

- AUTOMOBILES S.A. : **un grand** de l'Industrie automobile mondiale.
- **Présence traditionnelle et privilégiée au Maghreb**, pour des raisons historiques, géographiques et de label.
- Grande **marge de développement** du marché maghrébin, *en dépit de la conjoncture politique* et économique.

2. MON POTENTIEL

- **Diplômé de l'E.N.A.**, Administration générale (Droit, Économie, Finances publiques).
- **Sous-Préfet**, de 1990 à 1994 : 30 collaborateurs – 5 communes sous tutelle (75 000 habitants).
- Chef du Personnel de la préfecture de XXXXXXXXX, de 1985 à 1989. Effectif géré : 3 000 personnes.
- Chargé de la tutelle des Entreprises Publiques locales, de 1981 à 1982.

- Compétences dans **l'encadrement** des structures et des hommes.
- Compétences et aptitudes dans la **Communication** et les Relations publiques, mobilisables dans un contexte commercial (Marketing, Force de vente).
- Intéressant **réseau de relations** dans l'administration et l'appareil économique algériens.

3. MON OFFRE DE COLLABORATION

- Grâce à vos moyens et à mon potentiel, nous pouvons conserver et consolider la place du Groupe AUTOMOBILES S.A. au Maghreb dans la conjoncture actuelle.
- Nous pouvons élargir, développer et diversifier les activités du Groupe dans cette région, en fonction de vos ambitions et compte tenu de mes atouts professionnels et relationnels.
- À long terme, je contribuerai de façon particulière à la promotion de **l'image de marque** du Groupe grâce à mes origines et ma crédibilité réelle et potentielle.

Composé par : Compo-Méca S.A.R.L.
64990 Mouguerre
Achevé d'imprimer : Jouve-Paris

Dans le cadre de sa politique développement durable, Jouve initie en 2007 une démarche visant à la certification ISO 14001.
Cet ouvrage est imprimé sur papiers Munken Premium white des papeteries Arctic Paper pour l'intérieur et Ensocoat des papeteries Stora Enso pour la couverture.
Ces papiers sont fabriqués sur des sites papetiers certifiés ISO 14001 et enregistrés EMAS à partir de fibres d'origine de forêts gérées de manière durable.

Imprimé en France. - JOUVE, 11, bd de Sébastopol, 75001 PARIS
N° 447043G. - Dépôt légal : décembre 2007
N° d'éditeur : 3126